Para: _____

Que cada ensinamento contido nesta obra seja como uma bússola que aponta a direção certa para suas escolhas e suas decisões. E que seu caminho possa ser permeado de prosperidade, saúde e profunda harmonia e paz.

Dr. Paulo Valzacchi

____/_____

dr.paulovalzacchi@gmail.com
whatsapp 11 9 9812-1918

DR. PAULO VALZACCHI

TUDO COMEÇA COM VOCÊ

Ensinamentos transformadores para dar uma nova direção para sua vida

NOVA SENDA

TUDO COMEÇA COM VOCÊ
© 2020 Editora Nova Senda

Preparação de textos: Luciana Papale
Revisão: Renan Papale
Diagramação: Décio Lopes

DADOS INTERNACIONAIS DE CATALOGAÇÃO NA PUBLICAÇÃO (CIP)

Valzacchi, Paulo

Tudo começa com você: ensinamentos transformadores para dar uma nova direção para sua vida / Paulo Valzacchi – São Paulo: Editora Nova Senda, 2020.

ISBN 978-85-66819-34-2

1. Autoajuda 2. Desenvolvimento Pessoal I. Título

Proibida a reprodução total ou parcial desta obra, de qualquer forma ou por qualquer meio, seja eletrônico ou mecânico, inclusive por meio de processos xerográficos, incluindo ainda o uso da internet sem a permissão expressa da Editora Nova Senda, na pessoa de seu editor (Lei nº 9.610, de 19/02/1998).

Direitos de publicação no Brasil reservados para Editora Nova Senda.

EDITORA NOVA SENDA
Rua Jaboticabal, 698 – Vila Bertioga – São Paulo/SP
CEP 03188-001 | Tel. 11 2609-5787
contato@novasenda.com.br | www.novasenda.com.br

Dedicatória

Fruto de uma filtragem minuciosa dentre as mais de 800 mensagens que temos enviado diariamente em áudio a todos os nossos seguidores, alunos, amigos e familiares durante os últimos três anos, não poderia deixar de dedicar este trabalho a todos aqueles que nos acompanham.

Dedico também a Rosangela, minha fiel esposa e companheira de jornada, com a qual compartilho diariamente minhas ideias e também busco aprender com as suas. E aos meus filhos, Paulo Cesar Valzacchi e Monise Valzacchi Melo – que deixa no final deste livro uma mensagem especial a todos nós –, minha eterna gratidão por tê-los como minha força, amor e orgulho.

Agradeço, também, ao meu querido genro, Felipe Melo, e a minha querida nora, Leiliane Marcatto.

E ao meu amigo e editor Décio Lopes, por acreditar em meu trabalho e querer levar sempre a evolução e o crescimento espiritual a todos que o cercam.

Aloha!

Sumário

Introdução 11
A nossa jornada 13
Não há acasos 15
Arrependimentos 17
Dias de sim, dias de não 19
Quando nada na sua vida vai bem 21
Desafios sim, problemas não 23
Mude de direção 25
Bons pensamentos, bons sentimentos, boas atitudes 27
Corrente de sabedoria 29
O desafio do amor 31
Eu sou o problema, mas também a solução 33
Autodescoberta: um exercício poderoso 35
O desafio da gratidão 37
Nossa ancestralidade 39
Estresse contamina 41
O mantra do poder 44
O despertar 47
A chave de ouro 49
Frustração 53
O cansaço diário 55
Fechando ciclos 59
Aquilo que penso é o que eu sinto 63
A interferência do passado no agora 65

Pode parecer impossível, mas não é 67
Encarando as situações da vida 70
Procrastinação: nome difícil para dizer algo simples 72
Olhe para dentro de si mesmo 75
Paciência: um ingrediente sagrado 77
O alimento certo para sua humanidade 79
Acredite nos seus sonhos 81
Abundância, mudando sua energia pessoal 85
O sofrimento 87
Dificuldade ou falta de gratidão? 89
Prepare-se, hoje é dia do elástico 91
Rumo ao sucesso 93
Tensão, sinônimo de estresse 95
Limpe suas memórias 97
Tocando a vida 99
Resignação pode ser a sua salvação 101
Saber o momento certo de mudar 103
O significado da vida 105
Rotina, a vilã silenciosa 107
Inflexibilidade 109
Dê uma chance a si mesmo 111
Não se cobre tanto 113
Mente aberta, garantia de sucesso 115
Descubra a melhor maneira de encarar o mundo 117
Medos e inseguranças: nossos bloqueadores 120
Não se acostume com o que pode não dar certo 122
O assalto negativo 124
A vida é uma escola 126
Onde você está colocando a sua atenção? 128
Impermanência 130
A mudança começa em você 132

Para onde vai a sua energia?..134
Abra sua mente 136
Tem lugar para o novo em sua vida?..138
Apego, a fórmula do sofrimento..140
Felicidade é estar bem consigo mesmo..142
Sonhos de infância ou de vida 145
Descomplicando..148
O poder do equilíbrio 150
A ovelha negra 152
Vida às avessas 155
Escolhas e consequências 157
Conhecendo os ciclos da vida...159
Você está sendo testado 161
A matemática louca da vida: simplifique 163
Seja firme em sua trajetória..165
Assertividade na hora de pedir "um tempo"..................................168
Rejeição infantil...170
O chamado 172
Espiritualidade: a arte da fé 174
Rompendo elos com gratidão 176
Certo ou errado: acertando o caminho!...178
O que está sob o nosso controle?...180
O seu tempo, o meu tempo e o tempo dos outros 182
Desilusão, a ilusão despedaçada..184
Travas e bloqueios: é possível seguir em frente 186
Tudo pode mudar..189
Como transformar hábitos negativos em positivos 191

Introdução

Como funciona este livro?

Imagine aquele momento de dúvida, de indecisão, talvez até de desânimo, quando tudo parece estar em conflito, sem uma luz no final do túnel. Calma, a nossa proposta aqui é fazer com que cada mensagem lida lhe proporcione uma melhor direção.

Este é um livro especial, com mensagens que tem o poder de fazer você refletir, repensar e buscar novas atitudes em relação à vida. Com uma maneira diferente de ser apreciado – em geral, realizamos uma leitura de capítulo a capítulo em um livro, buscando sempre a compreensão das ideias do autor, em um processo de identificação e formação de ideias –, aqui faremos diferente. Basicamente você pode utilizar este livro como um oráculo, no qual a necessidade de uma resposta se alinhará com a proposta da chegada de uma mensagem; você apenas precisa de uma pequena preparação para obter os melhores resultados com este conteúdo.

O primeiro passo é entender que o Universo é feito de leis básicas e claras, e que podemos entender, medir e acessar algumas delas no nosso dia a dia, usando-as a nosso favor. Porém, para a leitura deste livro, você vai precisar apenas da ativação de uma lei; a Lei da sincronicidade.

Uma das características desta lei é invocar o princípio da compreensão de que você está no lugar certo, no momento certo e da maneira certa, e que tudo isso propiciará a resposta que necessita, basta parar por alguns segundos, sentar, relaxar e depois realizar a prática mais antiga da humanidade: respirar. Isso mesmo, respire profundamente, inspirando o ar, retendo-o e expirando-o pausadamente pela boca. Faça isso contando até três em cada momento. Inspire até três, retenha até três e solte em três tempos.

Depois repita mentalmente:

Eu me abro completamente para a melhor resposta que o Universo tem para mim.

Segure o livro e, aleatoriamente, escolha um capítulo, abrindo na página certa para você.

A Lei da Sincronicidade fará o resto, proporcionando a você uma mensagem especial para seu momento. Leia nas entrelinhas, no sentido maior de cada palavra. Pense. Analise. Reflita profundamente. Sinta dentro de você a mensagem ecoando como pequenas respostas, claras e translúcidas, que terão o intuito de lhe trazer a melhor direção.

Sempre realize esse pequeno ritual de conexão e, ao final, não se esqueça, pronuncie a palavra:

Gratidão!

A nossa jornada

Vá e acorde a sua sorte.
Provérbio persa

Ao nascer, todos nós iniciamos a nossa jornada nesse mundo, isso se chama vida. Porém, muitos de nós simplesmente vivemos, esquecendo da verdadeira essência para qual estamos aqui. Você sabe qual caminho seguir na sua jornada de vida?

É como o refrão daquela música que diz: "deixa a vida me levar". Bonito não? Não, não é, aliás, esse é um péssimo conselho. Seguir o fluxo da vida é, sem dúvida, uma sabedoria, uma maneira de não resistir a sua magnífica beleza. Porém, ser levado sem saber para onde ir é quase que uma irresponsabilidade com sua própria existência, você já pensou nisso?

É o mesmo caso quando dizem: "estou aqui só de passagem". De jeito algum, eu não estou aqui só de passagem, estou aqui para criar laços com a vida, com as pessoas e com o Planeta, tenho responsabilidade e zelo por cada momento, aqui onde vivemos não é um hotel, é um lar que nos dá a oportunidade de crescer.

Por isso eu lhe pergunto novamente: você sabe para onde está indo? E mais, você sabe como deixar a sua marca aqui, no plano em que vivemos? Sabe como se fazer presente no coração das pessoas?

Muito bem, "deixar a vida te levar" não vai proporcionar nada disso, o ideal nesse momento é acordar, lavar o rosto e preparar duas coisas: o seu mapa e a sua mochila.

Para preparar sua mochila comece tirando dela tudo o que vai fazer essa viagem ficar pesada, perceba que muitas vezes estamos carregando fardos desnecessários, e até pessoas dentro deles. Comece colocando em sua bagagem todo seu potencial, aquilo que tem de melhor dentro de si, você vai precisar, e muito. Depois, lembre-se das maiores perguntas da sua existência: qual caminho você quer seguir? Quais são seus planos? Qual o seu roteiro de vida e os seus sonhos? Esse será o seu mapa de vida.

Saber onde você está e onde deseja chegar é primordial. Ligue os pontos do início até onde quer chegar, esse é o seu objetivo.

Estabeleça à sua frente um plano, um caminho para começar a sua jornada. Prepare-se para tudo que essa empreitada vai exigir de você: força, disciplina, paciência e muito fôlego. Se o seu ponto de chegada estiver alinhado ao seu coração, pode ter certeza, o sabor dessa existência será simplesmente incomparável.

Lembre-se: precisamos traçar o plano de partida e o de chegada, e entender que o mais importante da sua vida não é nem um nem outro, esses são apenas marcos, o que é mais importante verdadeiramente é o trajeto, sua trilha, onde estarão presentes milhares de descobertas e de experiências extraordinárias. Portanto, respire, relaxe e aproveite.

Vamos viver!

Não há acasos

> Ainda que chegues a viver cem anos,
> nunca deixes de aprender.
> *Provérbio persa*

NA VIDA NÃO ESBARRAMOS com as pessoas por acaso, se você acredita que a casualidade existe, pare com isso, abra seus olhos, abra sua mente, perceba a infinidade, a sintonia e a conexão que temos com tudo e com todos.

Certo dia me deparei com duas pessoas muito diferentes, o que me chamou muito a atenção. Logo pela manhã, uma nova aluna, que estava de óculos escuro, o que não me permitia ver bem a sua expressão, veio falar comigo. Em seu vocabulário tinha profundas reclamações. Enquanto eu a ouvia atentamente, meu cérebro registrou, em poucos minutos de conversa, ao menos 50 vezes a palavra *difícil*. Essa pessoa tinha uma trava em sua mente, tudo era complicado e ela se via como uma pessoa que não conseguia avançar na vida. Com uma visão totalmente distorcida – em tudo ela enxergava dor e só conseguia ver poucas ou quase nenhuma oportunidade –, era como se ela visse à sua frente apenas problemas e mais problemas. A impressão que tive foi que ela perdeu o controle remoto da sua própria vida, deixando apenas as coisas acontecerem. Esse tipo de pessoa costuma dar aquela velha e boa desculpa: "vou entregar nas mãos de Deus", e costumam "sentar" e esperar as consequências desastrosas chegarem. No final, para complicar ainda mais, ela briga com Deus. Nesses casos, quando me aprofundo na conversa tentando entender os motivos de tanta desistência de vida, a pessoa dá milhares de desculpas inaceitáveis, não sendo capaz de ver que, lá na frente, há sim uma luz, um horizonte. Pessoas assim olham para o outro lado, o da escuridão, não conseguem sair do mundo das desculpas.

No final desse mesmo dia tive o contraste, uma cliente, que sempre vem em minhas palestras e que tem grandes desafios na vida, em uma conversa franca falou que é difícil vencer esses desafios, mas "é possível e eu vou conseguir". A mente dela se acostumou a chamar essas palavras para o seu dia a dia e isso traz muita força para tudo que ela realiza.

Essa paciente é uma pessoa que foca nos resultados, nas soluções, não no lado negro das dificuldades e dos problemas. Ela me disse que vê muitas novas possibilidades e oportunidades de vencer, e que foi ensinada a não esperar as coisas caírem do céu, ela simplesmente vai lá e faz acontecer.

É claro que por vezes desanima, isso é normal, é como se as nossas forças nos deixassem por um instante e, nesses casos, é preciso recarregá-las, afinal, não somos super-heróis.

Duas coisas me chamaram a atenção nessa história, aquela mulher é uma pessoa responsável por suas escolhas, pensa bem antes de tomar uma atitude e, ao invés de dar desculpas, ela acolhe o fato ocorrido, para, pensa e faz de tudo para mudar o placar do jogo da vida.

Mas por que encontramos pessoas tão diferentes? Porque a vida é assim mesmo. Existem pessoas que enxergam as coisas de maneira positiva, estando sempre à busca de uma saída, já outras esperam as coisas acontecerem, e quando não acontecem da maneira que elas imaginavam, culpam sempre o outro ou a algum fator.

É possível mudar essas polaridades? Será que podemos enxergar a vida com óculos que não sejam escuros?

Sim, é possível! A primeira coisa a fazer é descartar esses óculos e se acostumar com a luz que irá chegar até seus olhos. É preciso aprender que o mundo tem uma vastidão de possibilidades, assim, tudo se torna mais claro, mais amplo e de fácil acesso.

Diga adeus aos seus "óculos escuros mentais", nada é por acaso!

Arrependimentos

> O arrependimento sincero é geralmente resultado da oportunidade perdida.
>
> *Wertheimer, Emanuel*

VOCÊ CONSEGUE DEFINIR O QUE É PIOR: se arrepender por ter deixado alguma coisa sem fazer ou por ter feito algo que não deu certo?

Existe uma corrente que diz que o pior arrependimento é aquele no qual deixamos de fazer alguma coisa, seja por medo, seja por outro fator qualquer.

Muitas vezes ficar paralisado e deixar de fazer ou de dizer algo pode nos causar, se não imediato, uma profunda dor futura; uma sensação de perda, como se naquele momento a oportunidade chave tivesse passado, um sentimento de que deixamos de viver o que devia ser vivido, que nadamos na superfície, que nada foi feito.

Por outro lado, tomar certas atitudes e depois se arrepender também é profundamente doloroso. Quando fazemos algo impensado, precipitado, ou mesmo proferimos palavras sem antes racionalizar ou ponderar, certamente magoaremos alguém, trazendo mais dores para nossa vida.

Então, o que fazer? Qual atitude devemos tomar, eis a questão?

Tudo depende do contexto, não há uma regra específica, antes de tomar uma decisão precisamos trazer essa pergunta para nossa razão e decidir o melhor caminho.

Observe as breves histórias a seguir e reflita.

Julia, muito jovem, estava com o pai hospitalizado, mas não parecia ser nada grave. A garota tinha um namorado, eles tinham planos para viajar no final da semana, ela foi, não cancelou. Seu pai faleceu justamente naquele dia.

Paula brigou com o namorado, a causa principal foi ciúmes, e é claro, um tanto de orgulho também. Ela xingou, gritou, esbravejou, falou o que não precisava ser dito e, assim, tudo se encaminhou para o abismo e ela perdeu a chance de ser feliz. Hoje ela está triste e sozinha.

Marcos trabalhava na empresa da família, sempre recuado ele ouvia tudo, continuamente, ouvia, ouvia e não dizia nada. Com uma enorme frustração, o rapaz se sentia quase invisível. No decorrer do ano ele teve sérios problemas de estômago e, com a autoestima destruída, acabou desenvolvendo um problema muito mais sério.

Clara queria fazer psicologia, mas se enfiou num curso de direito; desejo de seu pai, não dela. Hoje ela está bem financeiramente, mas, como dizem, arrepende-se até o último fio de cabelo por não ter realizado seu sonho; há uma sensação de incompletude da qual ela não consegue se livrar.

Débora, perdeu o emprego; e a cabeça também! No dia seguinte à sua demissão ela foi na empresa e xingou o ex-chefe, conclusão, a moça se sentiu momentaneamente aliviada, mas a consequência veio: há cinco anos ela não consegue arrumar um novo emprego.

Claudio largou a esposa e hoje passa os dias entre seu trabalho e passeios para se divertir; a pauta da sua vida é a diversão. Porém ele já começa a dar sinais de que sente falta de ter alguém para caminhar ao seu lado, sua escolha foi precipitada, deveria ter ponderado as consequências a longo prazo. Sua ex-esposa começou uma nova vida, ele não consegue se encontrar.

Esses relatos demonstram que o arrependimento é um tipo de ferida que fica por muito tempo punindo a pessoa, em forma de culpa, e que, para se livrar desse sentimento, é preciso muito autoconhecimento.

Para não cair na armadilha do arrependimento há uma necessidade fundamental: a de desenvolver a capacidade de olhar além do horizonte e ponderar, de maneira clara e objetiva, os efeitos de sua escolha.

Hoje é dia de refletir, sem culpas ou culpados, mas com responsabilidade.

Dias de sim, dias de não

> As três coisas mais difíceis do mundo são: guardar um segredo, perdoar uma ofensa e aproveitar o tempo.
>
> *Benjamin Franklin*

Você já reparou que a vida sempre pode dizer sim ou não para cada circunstância?

Às vezes a vida diz sim, vem comigo, esse é o caminho, e então, tomamos a decisão certa de seguir nossa intuição e mergulharmos de cabeça. Acontece que muitas vezes não ouvimos essa opção, estamos tão reprimidos, abatidos, castrados pela tristeza, pelos medos e inseguranças, que deixamos de saborear as bênçãos de cada minuto que a vida tem a oferecer.

Mas acontece também de a vida dizer não. Quantas vezes você ouviu de si mesmo: não vá por aí; não faça isso; não tome essa decisão; eu não vou lhe dar isso; esse não é o caminho, etc.?

Nesses casos também olhamos e desconsideramos a mensagem, vamos pelo pior caminho, o que chamamos de *atalho*. Agimos pela raiva, pelo egoísmo, pelo orgulho e, por não aceitar, ficamos revoltados, entristecidos e adoecemos.

Nem sempre estamos preparados para ouvir, achamos muitas vezes que um não pode ser sinal de rejeição, de abandono, mas no fundo, lá no íntimo, pode ser um ato de proteção, de cuidados que revoltosamente não enxergamos. O não pode vir de forma amorosa, mas mesmo assim descartamos!

Aprendi com o tempo que a vida não age sozinha, ela age com amor, tanto para o sim, como para o não.

Um sim com amor é esplendido, é um convite. Dê as mãos ao amor e às coisas boas e siga a sua vida amorosamente, dando a você o melhor, recebendo abundância, riqueza, sentimentos bons e sinceros e espalhando o que tem recebido.

Um NÃO com amor é uma maravilhosa dádiva, que só entendemos quando saímos da birra egoísta na qual nos envolvemos. Birra mimada, como uma criança que quer as coisas para agora, que não aceita as pessoas, que quer do seu jeito, que briga com a vida, com Deus e consigo mesmo.

Hoje apenas pare, isso mesmo, pare por um segundo, respire fundo, e escute o SIM que a vida está lhe dando, mas também o NÃO que as vezes ela vai lhe ofertar, ambos trazem uma lição em todas as ocasiões; ambos podem vir com amor.

Sabe quando você diz que algo está difícil, que sua vida é ou foi complicada? É porque muitas vezes deixou de ouvir o sopro da vida, a mensagem que existe lá no fundo, que está complicando as coisas, trilhando na contra mão.

Hoje, ame, mas ame profundamente a sua vida e tudo o que há dentro dela.

Se você conseguir agradecer os SINS e os NÃOS, tudo o mais será simples e surpreendentemente fácil. Experimente!

Quando nada na sua vida vai bem

> A água suja é melhor clareada
> ao deixá-la quieta.
>
> *Alan Watts*

SABE QUANDO O SEU RELACIONAMENTO TRAVA, a prosperidade está em baixa, a autoestima despenca, os medos e as inseguranças chegam, o foco desaparece e, se por ventura falarem de gratidão, parece que nosso cabelo fica em pé de desespero e revolta?

Isso pode ser mais comum do que imaginamos. Em geral, quando uma de nossas áreas da vida vai mal, as outras são afetadas. Se estamos desempregados, parece que o relacionamento em casa fica abalado e brigamos mais; falamos e sentimos o que não devíamos.

Se o problema é com o relacionamento, você chega no trabalho esgotado e desanimado, produz pouco e as chances de perder o seu emprego aumentam drasticamente. É um círculo vicioso, pois volta na situação de chegarmos em casa mais desanimados, mais explosivos, achando que a cama é a solução. E talvez seja, por alguns minutos, só para ter uma trégua com a guerra que o mundo está "travando" com você.

Parece um filme de terror, você corre para o quarto, pula na cama e se cobre com o lençol quando a assombração ou o mostro vem chegando. E pronto, está tudo resolvido. Será? Bem, eu, você e o monstro sabemos que não nada está resolvido. Isso pode acontecer com cada um de nós.

Família, relacionamento, dinheiro, saúde, ufa! Quando não estamos devidamente equilibrados, os desafios aparecerem. Não que não estivessem sempre nos rondando, mas às vezes abrimos as portas para eles. No fim, a atitude que pode ajudar é o equilíbrio, não a fuga.

Respire fundo e tente clarear sua mente, ou seja, encare um desafio por vez, nada de carregar o mundo nas costas, pare e defina o que vai fazer primeiro, de uma maneira prioritária e consciente. Depois siga os passos com clareza.

Avalie, honestamente, os motivos desses desafios estarem acontecendo. Se o relacionamento está ruim, o que podemos fazer para consertar? Essa é a atitude mais sensata. A maioria das pessoas prefere "deixar pra lá", ou então fica obsessiva e a cada minuto diz: "vamos conversar sobre nossa relação". Nada disso, aqui o jeito é aprender a buscar soluções, a repensar nas saídas e depois dialogar de forma madura. Nada de "eu quero assim", nada de egoísmo. Em se tratando de relacionamentos não existe o EU, mas, sim, o NÓS. Relacionamentos são aprendizados, procure tirar o máximo de cada situação para, assim, construir uma relação cada vez melhor ao longo de sua história.

Se for na área da prosperidade, comece por mudar o seu jeito de pensar, tem gente que ainda acredita que esfregando uma lâmpada mágica o gênio vai aparecer e resolver todos os seus problemas. Nada disso, o gênio está dentro de você, desperte-o! Aprenda a vencer seus desafios, lembre-se: problemas à vista? Pense sabiamente, use a palavra a seu favor e pronto.

A regra é simples: mantenha a mente clara, respire, harmonize-se, acalme-se e foque na solução, nada de chorar o leite derramado, ele já caiu, agora o jeito é limpar. Na sequência, descubra e direcione seus potenciais, a sua força para o alvo, se souber aonde quer chegar, o caminho fica mais fácil. Por fim, faça com que suas ações sejam sábias, corretas e assertivas.

Sabe qual o resultado dessa equação? Você vai resolver a sua situação!

Desafios sim, problemas não...

> Não há comparação entre o que se perde
> por fracassar e o que se perde por não tentar.
>
> *Francis Bacon*

Costumo substituir a palavra problema por desafio. São muitas as maneiras de o cérebro decifrar essa palavra, tudo depende de como ele funciona.

Para algumas pessoas, se você disser a palavra "problema", ela vai querer fugir. Digo fugir literalmente, das mais diversas formas, desde viajar até se trancar no seu quarto e dormir por horas.

Há quem encare os problemas como se fosse uma agressão, a pessoa fica muitas vezes acuada e doente. Outras preferem colocar tudo "para debaixo do tapete"; elas querem sumir com os problemas, não os resolver.

Poucos são aqueles que realmente levantam suas espadas e entram em batalha com seus problemas. Por isso, ao mudar o nome de problema para desafio, nosso cérebro acolhe a situação de maneira diferente.

Todos nós temos desafios, do início ao final de nossa vida; como encará-los é o que faz toda a diferença. Claro, não se trata de somente enfrentar os problemas, mas também de como solucioná-los.

Quando criança, lembro-me de uma brincadeira que era colocar um pedaço de pau na nossa frente, dar alguns passos e colocar outro, esse era o nosso desafio, tínhamos que dar uma boa distância, correr e tentar pular aquele espaço. Quando o espaço era pequeno tudo bem, o desafio era pequeno, não exigia quase nada de nós, mas quando começava a aumentar, precisávamos nos esforçar, correr e nos impulsionar ainda mais, e assim pular o obstáculo.

Veja que era o mesmo desafio, porém a força e a destreza que precisávamos usar com o aumento da distância é o que fazia a diferença, no fundo apenas precisávamos nos esforçar mais.

Às vezes conseguíamos, às vezes não. Esse é o jogo da vida. Então parávamos, respirávamos e íamos pular de novo, até encontrarmos dentro de nós mesmos o melhor momento, o melhor de cada de um de nós, e assim atingíamos nosso desafio.

Algumas vezes colocávamos uma regra bem parecida com a regra da vida, podíamos tentar três vezes e, se não conseguíssemos, ali encerava as nossas chances. Na vida não é muito diferente, uma oportunidade aparece, mas se deixarmos escapar, pode ser que não tenhamos uma nova chance.

Porém, desafio é desafio, você pode ver que em um jogo de basquete o locutor, diz: fulano fez 30 cestas, acertou 25 passes, mas ele nunca diz quantas tentativas ele fez antes de isso acontecer.

O desafio é esse, tentar colocar sua força, seu foco, sua atenção no problema e crescer com isso, descobrir seu potencial, esticar seus limites. Isso tudo vai fazer você se sentir muito mais preparado do que quando começou.

Hoje o teste é simples: como você encara as experiências da sua vida? De maneira difícil? Não faça isso, mude essa palavra também, não há obstáculo difícil, há apenas obstáculos que exigem um pouco mais.

Mude problemas por desafios, comece a banir da sua linguagem frases de derrota. Exclua o "não consigo", "não posso", "não vai funcionar", "nunca dá certo comigo", de seu vocabulário, essas palavras destroem, acabam com sua força.

Todos nós temos desafios, eu até hoje não encontrei ninguém que não os tenha, mas encontrei pessoas que, ao correr para o obstáculo, travam, param, temem, já outras pulam caem e se machucam, mas não desistem. E têm aquelas que treinam muito e conseguem com um pouco mais de facilidade, pois estavam preparadas! Dentre todas essas possibilidades, no entanto, as que mais me chamam a atenção são aquelas que "pulam", que sabem que o desafio faz parte da vida e que entendem que a questão não é vencer ou perder, mas, sim, tornarem-se um pouco melhor.

Hoje, simplesmente tente!

Mude de direção

> Se você não mudar a direção,
> terminará exatamente onde partiu.
> *Provérbio Chinês*

A PERCEPÇÃO QUE TEMOS do melhor caminho a seguir no dia a dia é inerente a nossa compreensão. Nossa vida, nossa paz, nosso tempo, nossos momentos de felicidade seguem o caminho que damos a eles de forma consciente ou não.

Com uma agenda agitada ou na correria do dia a dia, deixamos sempre alguém ou alguma coisa para trás; na maioria da veze, nós mesmos. Teimamos em no achar úteis, ajudando a todos ao nosso redor, o que é uma benção, quando podemos. Mas quando fazemos isso sobrepondo às nossas vontades, perdemos o sentido de prioridade. Temos medo de sermos tachados de egoístas.

Na vida, tudo deve se encaixar em nosso propósito com sabedoria e equilíbrio. Existem algumas situações que são mais delicadas do que acreditamos, verdadeiras armadilhas ou desastres. Mas por que será que é tão difícil assimilar a realidade como ela é?

Reflita e responda, tenha a coragem de se desnudar, por que é tão difícil nos revelar como realmente somos e o caminho que escolhemos seguir?

A sensação mais comum para essa resistência é o medo do rótulo. Não queremos ser classificados como uma pessoa má, negativa, que não quer ajudar ninguém. No nosso íntimo, achamos que isso nos distanciará do amor das pessoas, da aceitação, mas será que tudo isso é verdade?

Vejo muita gente se colocando lá no final da fila. Acontece muito de, quando essas pessoas precisam de um auxílio vindo daqueles para a qual elas foram tão prestativas, receberem como retribuição o descaso, o que fatalmente causa enorme frustração.

Decepções, mágoas, ressentimentos são sentimentos resultantes dessa frustração autoimposta, o pensamento que gruda aqui na cabeça é:

"eu fiz tanto, eu abdiquei de tantas coisas e agora, quando preciso...". Esse é momento em que nos revoltamos, gritamos, choramos, mas esquecemos de algo fundamental: fui eu que me pus no fim da fila, que me distanciei de mim, que vi a necessidade dos outros em primeiro lugar e que sempre os acostumei a esse ritmo de permissividade. Fui eu que escolhi o caminho!

Colocar os outros sempre em primeiro lugar não o faz melhor que ninguém. Essa é a lição. Devemos acolher e ajudar na medida certa, no momento certo, e isso deve ser aprendido. Muitas vezes aprendemos da maneira mais difícil, mas podemos, aos poucos, ir treinando.

Lucia saiu do meu consultório sentindo-se aliviada, ela queria dar um basta no caminho que tinha escolhido, mas acabou transformando sua vida num terremoto; espalhou desafetos para todos os lados. Esse não é o caminho, sabemos disso. Então, vá com calma, nem sempre a vida precisa de atitudes drásticas, mas, sim de atitudes amorosas e verdadeiras, que mostre o caminho que aquela pessoa deve seguir, sozinha, com seus próprios passos. Esse é o aprendizado inicial.

Conhece aquela máxima "não dê o peixe, ensine a pescar"? Isso se enquadra perfeitamente aqui. Tirar a pessoa da zona de conforto que lhe mantem ilusoriamente segura, confortável, longe de dificuldades e de desafios, mas também longe do crescimento, vai fazer um bem muito maior do que resolver o problema dela. A zona de conforto exacerbada mata lentamente, impede de se viver profundamente a experiência da vida. Isso serve para você também.

Para hoje pense: que a ajuda seja em abundância quando for necessária, mas que saia do coração. Não ajude o próximo para se sentir amado. Mude de direção. A vida jamais vai lhe surpreender se você não ousar.

Bons pensamentos, bons sentimentos, boas atitudes

> Pensar é fácil. Agir é difícil.
> Agir conforme o que pensamos,
> isso ainda o é mais.
> *Johan Goethe*

BONS PENSAMENTOS, BOAS ATITUDES, assim começa nossa proposta. Se eu penso bem, sinto-me bem e vou agir bem, esse é o fluxo para uma vida melhor. O oposto disso é o início da infelicidade, ou seja, pensar mal, sentir-se mal só nos leva a uma vida cheia de reclamações e de sofrimentos.

Mas espere, o que será que tem contribuído para um verdadeiro caos em se tratando de pensamentos negativos?

Para maior compreensão, vamos entender um pouco mais de três exigências imaturas que têm levado as pessoas à pura neurose, a um estado ilusório quase que sem retorno.

A primeira exigência é a famosa doença de querer se sair bem em tudo, custe o que custar. Isso é uma tremenda pressão, a pessoa passa a ser extremamente exigente consigo mesma, e é claro, com as outras pessoas também. Na cabeça dela, ela tenta afastar a todo instante o medo do fracasso e tenta ser merecedora de tudo, esse é o mandamento do ego, ser certinho em tudo, perfeito em tudo, e assim, a autodestruição se inicia como uma contagem regressiva; pura pressão.

A segunda exigência, a mais comum nos dias de hoje, é a nutrição de uma expectativa irreal, ou seja, todas as pessoas do mundo deve nos tratar de maneira respeitosa, justa, gentil e decente, mas quando vem o mundo real, percebemos que isso pode não acontecer, e assim, vamos ter de enfrentar a grosseria e o desrespeito. Quando essa exigência inicial não é cumprida, ficamos com raiva, tornamo-nos vingativos e deixamos sair de dentro de nós a nossa pior versão, ou seja, nos tornamos hostis.

A terceira exigência é um dos padrões que tem se instalado nos tempos atuais também, em que as pessoas acreditam que os outros, as circunstâncias e o mundo em geral não devem decepcioná-las nem lhes causarem nenhum inconveniente.

São pessoas que acreditam que o Planeta está aí com um banquete à sua frente; peça e eu farei tudo para você agora, sem nenhum esforço. O mundo não está à sua disposição, nem tudo deve ser fácil e rápido do jeito que você queria que fosse.

Como essa exigência é ilusória, pessoas assim se decepcionam, frustram-se, e quando qualquer contrariedade aparece, elas agem como se tudo fosse uma catástrofe, pois não sabem lidar com tudo isso.

Quem será o centro do Universo? Muitas pessoas acreditam que são elas mesmas. Aqui fica bem fácil ver que essas três exigências são irreais, autodestrutivas e que é preciso trabalhar duro para eliminá-las, senão elas causarão imensas neuroses em você.

O mundo não é justo, essa é a grande verdade, as pessoas não serão como você quer e nem sempre como você acha que elas são. Acredite, não precisamos provar nada para ninguém, somos merecedores de todas as bênçãos que recebemos, viver já é uma vitória, mas lembre-se, ninguém está aqui no mundo para nos servir, quanto mais simples nos tornamos mais humanos seremos.

Essas são as três causas de muitos de nossos problemas, quando se tem esse tipo de exigência é porque seu ego está no comando; você está deixando de lado a sua essência. Não estamos aqui para ser certinhos não, estamos aqui para sermos um pouco melhores a cada dia, não para nos punir, mas para viver a experiência da vida. E também não estamos aqui para mudar ninguém, o máximo que podemos fazer é aceitar as pessoas como elas são e tentar mudar os nossos velhos e ultrapassados comportamentos. Aqui não é um hotel chamado Terra, mas, sim, a nossa casa, o nosso lar. Somos todos iguais, com os mesmos direitos e deveres.

Vamos refletir e buscar as ferramentas certas para eliminar nossas neuroses e cultivar a saúde com bons pensamentos, bons sentimentos e boas atitudes.

Corrente de sabedoria

> As pessoas não serão capazes de olhar para a posteridade se não tiverem em consideração a experiência dos seus antepassados.
>
> *Burke, Edmund*

Existe muita sabedoria nos ditados populares, alguns são muito inspiradores e profundos, mas nem sempre damos o devido valor a eles.

Em geral, os ditos populares são transmitidos por nossos avós, por nossos pais e por pessoas que já tiveram certo grau de experiências na vida e podem gerar um bom efeito no dia a dia, às vezes, positivos, mas também negativos; eles podem nos fortalecer ou nos limitar.

Uma mãe sempre diz: "corre devagar, para não se machucar." Num primeiro momento, ouvindo isso, parece um sinal de cautela, de cuidado com a integridade física dos filhos, um carinho vindo de mãe mesmo. Mas na verdade existe uma profundidade incrível em cada palavra, é como se mãe quisesse dizer: "vai, mas sem pressa, com calma, senão você se machuca". No fim, ela está certa, sempre está! Quando desprezamos o ritmo da vida, quando falamos rápido demais ou fazemos algo precipitado, deixamos o impulso tomar conta de nós e, então, outras situações se fazem presentes e a ansiedade ou a precipitação nos dominam: estamos nos machucando!

Tudo isso pode ser altamente desastroso. Quando não prestamos atenção nas entrelinhas, perdemos a essência da situação, é quando se instala o sentimento de irresponsabilidade que pode, ou não, ser uma atitude permanente.

Quantas vezes você disse algo que gostaria de ter voltado atrás? Quantas vezes fez algo na pressa, no impulso, no momento da raiva ou na dúvida e colocou tudo a perder? Quantas vezes você deixou de ouvir as palavras de sua mãe?

Corremos rapidamente, caímos, nos machucamos e nos esquecemos da velha sabedoria que ainda está presente entre os nossos entes queridos, é o mesmo que acontecia quando nossos pais e avós diziam: "vai com Deus", um gesto especial que diz: "eu me importo com você", além de, é claro, a sabedoria de pedir a Deus por sua proteção.

Mas há algo maior nisso tudo, "ir com Deus", é ir com amor, sem medo, sem raiva, com o coração aberto e seguro, é um gesto de preocupação afetiva.

Não podemos deixar de mencionar outra sabedoria popular que diz: "Deus ajuda quem cedo madruga", e é isso mesmo, madrugar é acordar para vida, quando você acorda para a vida encontra um novo mundo, encontra forças, disposição, garra, coragem e fé. Acordar é "A-cor-dar", é colorir o mundo e comprometer-se em fazer e ser melhor.

Temos, ao nosso redor, centenas de mensagens sábias proferidas por nossos pais, pela natureza, pela vida. Aprender a reconhecer e a valorizar essas mensagens é um bom caminho para uma vida melhor. Então, está entregue em suas mãos a possibilidade de desfrutar do simples, do eterno, e de passar adiante essa corrente de sabedoria.

Hoje, preste um pouco mais de atenção nas entrelinhas, no que a vida tem a nos dizer, afinal, cada um de nós tem uma mensagem para ouvir, assim como cada um de nós tem uma mensagem para deixar aqui na Terra. E que ela seja boa, extraordinária, como o exemplo de sua existência.

O desafio do amor

Sempre parece impossível até que seja feito.
Nelson Mandela

Hoje é dia de desafio! Mas não pense que será um desafio simples não. Vai ser uma provocação que vai tocar o seu coração, algo que não dá para deixar para depois, muito menos procurar um punhado de desculpas para não fazer.

Comecemos com uma pergunta: como os seus pais demonstram amor por você? Bem, muitas pessoas irão dizer: "meu pai ou minha mãe nunca me disseram um 'eu te amo' na vida".

Calma, eu sei bem como é isso, as pessoas de antigamente tinham uma maneira diferente de expressar a linguagem do amor, a dificuldade era tremenda.

Minha mãe quando queria manifestar amor falava "vai com Deus, que os anjos te protejam", essa era a sua maneira de demonstrar que se importava, parecia que ela tinha uma trava na boca que não a deixava dizer "eu te amo, meu filho". Sendo assim, talvez como você, eu também nunca ouvi essa frase da boca de meus pais, mas hoje, depois de tanto pensar, entendo que cada um encontra seu jeito de dizer. Muitas vezes um simples "leva o agasalho", ou um tapinha nas costas com palavras simples, como "vá com cuidado" tem uma bagagem enorme de amor.

Na maioria dos casos, não é correto dizer "eu não tive amor". Isso vai muito além. O que precisamos é aprender a quebrar essa corrente que, às vezes, nos impede de dizer um "eu te amo", ou mesmo de abraçar alguém ou de passar o nosso amor para frente.

O desafio é dar um forte e demorado abraço em quem você ama, eu disse demorado, não aquele abraço de segundos, ou aquele a distância. O abraço é um ato de encostar corações, de transmitir sua energia de amor. Para isso, escolha alguém, filho, companheiro, pai, mãe, irmão ou amigo e abrace!

Quebrar o elo significa respeitar nossos pais pelo o que eles foram, ou pelo o que eles são. Devemos aceitá-los e honrá-los, eles fizeram o melhor que conseguiram fazer com aquilo que tinham. Mas podemos fazer diferente, podemos criar nosso caminho, ou seja, não precisamos ser iguais aos nossos antepassados, mas, sim, respeitá-los. Abrace seus pais, não importa se você está brigado ou aborrecido com eles, nada disso importa.

Existe uma coisa que muitos só vão descobrir após os 50 anos de idade, o tempo passa, escute bem o que eu estou dizendo, o tempo passa rápido e é a coisa mais preciosa que temos na vida. Usemos, portanto, esse tempo para fazer diferente, para amadurecer e acabar com o egoísmo, com o ressentimento ou com a tristeza.

Se seus pais já não estão aqui, abrace alguém próximo, se eles estão longe o seu desafio pode ser outro, que tal ligar para eles agora e apenas dizer: "pai, mãe, eu liguei por um simples motivo, liguei para dizer que eu te amo. Apenas isso".

Hoje é o dia do desafio do amor. Eu desafio você a escolher para quem vai dizer "eu te amo", mesmo essa escolha não sendo fácil. Tente abraçar alguém especial na sua vida, o tempo passa, não podemos deixar passar coisas tão importantes como o reconhecimento, a aceitação e o amor.

Espero que seu coração vibre, que as travas caiam, que os bloqueios desapareçam e que haja luz em sua vida E então, você aceita o desafio?

Eu sou o problema, mas também a solução

> Você é o único problema que sempre terá,
> mas também a única solução.
>
> *Bob Proctor*

RECENTEMENTE VI UMA PALESTRA na qual o autor perguntava a uma determinada pessoa: "você tem problemas em sua vida?" Então a pessoa respondia: "sim, eu tenho".

Olhando fixamente para aquela pessoa ele dizia: "você não tem um problema!". A pessoa em questão olhava com profunda admiração e espanto para ele que emendava: "você é o problema, *você* é o problema".

Será que somos mesmo o problema? Vou ser bem honesto, existem pessoas que realmente são o problema.

Apesar de não perceber, muitos acabam atraindo as dificuldades para suas próprias vidas e também para vida dos outros. Declaradamente, essas pessoas são um problema.

Observe a diferença entre *ter* e *ser* o problema.

Ter e ser, essa é a reflexão de hoje.

Serei eu o problema, ou estarei com um problema? Não é assim tão fácil resolver essa questão.

Ter um problema significa ter um desafio, ter um obstáculo à frente, perceber algo imprescindível, mas que tem solução, talvez não tão imediata quanto queríamos, mas que cedo ou tarde aparece.

Na realidade, *ter* é um estado, é passageiro, hoje temos um desafio, amanhã vencemos essa batalha e nos alegramos, ficamos mais fortes, aprendemos e seguimos adiante. Se por ventura lá na frente aparecer outro desafio, não há nada de diferente nisso, essa é a nossa jornada. Devemos nos acostumar com o fato de que os desafios são importantes para o nosso crescimento, ou seja, é na crise que realmente chacoalhamos tudo.

Porém, *ser* um problema é muito diferente, essa é a questão. A pessoa que se torna um problema repete o mesmo padrão constantemente; é um problema atrás do outro, uma sequência de dramas na qual ela se acostumou tanto com isso que passa a ser o próprio problema e não mais um estado que pode ser resolvido. Pessoas assim adoram sofrer, gostam que a vida seja assim, estão e são um eterno conflito.

Mas como isso é possível? Como uma pessoa pode gostar de sofrer e de fazer dramas com a própria vida?

Para algumas pessoas, ser o holofote na vida já é tudo, não importam os meios, ela precisa chamar atenção, precisa ter ganhos, então transforma sempre o simples no complicado, o fácil no difícil, o modo certo no errado.

Observe que esse modelo de pessoa tem algumas características específicas, então, vamos analisar: se você tiver esses cinco ingredientes que veremos a seguir, é hora de parar e fazer uma revisão de seus comportamentos, pois deve *ser* o problema mesmo.

- Você é uma pessoa que sempre interpreta tudo de forma dramática? Se a resposta for sim, você é da turma dos "tempestade em copo d'água".
- Tudo acontece só com você, sendo assim, a reclamação e o lamento fazem parte de sua vida? Então você é da turma dos "eternos insatisfeitos"
- Se para você tudo é difícil, complicado, complexo e não consegue seguir em frente ou ter novas ações, então você é da turma dos "acomodados".
- Tudo na vida se repete para você, é como um disco riscado? Então você faz parte da turma dos "sem atitudes"
- Se você fica sempre culpando os outros por todos os seus erros, então você é da turma dos "não estou nem aí para nada".

Quem você é hoje, o problema, a vítima ou a pessoa responsável pelos próprios erros? O poder de escolha está em suas mãos. A análise é sua, assim como a responsabilidade de realizar mudanças em sua vida e de se reconstruir.

Você pode mesmo SER o problema ao invés de TER. Mas lembre-se de que somente você É e TEM a solução!

Autodescoberta: um exercício poderoso

> Uma chave importante para o sucesso é a autoconfiança.
> E para a autoconfiança é a preparação.
> *Arthur Robert Ashe Jr.*

Hoje é dia de exercícios, algo prático que vai ajudar na descoberta de si mesmo.

Descobrir-se! Por muitos e muitos anos, dentro da sua mente, a autodescoberta foi um eco, fruto de experiências passadas que encobriram a verdadeira ressonância da sua essência.

Aliás, você consegue ver a sua essência? Sabe identificar sua parcela natural, vivida, verdadeira, aquela parte do seu ser e que é a pura expressão de quem você é?

Pois bem, com o recurso da escrita terapêutica é possível descobrir um pouco mais sobre você. Essa prática consiste em apenas realizar as perguntas certas e escrever suas respostas com toda honestidade.

Em geral, estamos tão absorvidos em conhecer os outros, saber o que eles pensam ou o que fazem, que esquecemos de nós mesmo. Como se não fosse importante se autodescobrir! Mas é claro que é! Então vamos lá, você irá se surpreender com essas simples, mas profundas práticas.

Pegue sua agenda, são apenas cinco exercícios. Foque no positivo, essa prática faz parte do nosso poderoso curso de autoestima.

- Exercício um: respire, olhe para dentro de si mesmo, para sua vida e escreva cinco qualidades fortes em você, aquilo que está presente em sua personalidade. Só para que você entenda, somos repletos de qualidades, descobrir as suas lhe dará a oportunidade de praticá-las.

- Exercício dois: não pense muito, deixe a intuição aflorar, permita-se, descreva três características que fazem de você uma pessoa especial. Essas qualidades são suas, é a sua marca registrada, nesse instante você deverá aprender a acessá-las e também a treiná-las.

- Exercício três: escreva três sucessos que teve na vida, nada de grandioso, mas sucessos verdadeiros. Descreva aquilo da qual tem orgulho em dizer "fui eu quem fiz, fui eu quem cheguei lá, fui eu quem acreditei". Lembre-se de valorizar as pequenas vitórias, elas abrem grandes portas.

- Exercício quatro: faça um elogio a si mesmo, você consegue? Pense, você tem o direito de se elogiar, de reconhecer e acessar a melhor parte em si mesmo, então, com calma, respire e solte esse elogio. Anote! Depois, mais à frente, leia e veja se você ainda se vê da mesma forma.

- Exercício cinco: todos nós temos sonhos, eles começam na nossa mente, apenas precisamos colocá-los no mundo real e aprender como fazer isso. Escreva dois sonhos que você tem e que ainda não estão em vias de serem realizados. Sonhos são objetivos; com o despertar de suas habilidades, facilmente eles serão realizados.

Hoje é um dia de descobertas, mas também de celebração.

Celebre por estar vivo, por ter objetivos, por ter essa força dentro de você. Mesmo que às vezes o desânimo se apresente e que sinta perda de direção, não deixe os conflitos lhe dominar. São só pequenas confusões, e talvez seja só isso mesmo, um chamado da própria vida para sua autodescoberta. Descobrir-se, entender do que é capaz, compreender mais sobre si mesmo, sobre seus planos, sobre sua jornada e o quanto pode compartilhar com as pessoas pode ser tudo o que você precisa.

Hoje é dia de despertar. Está preparado. Então vamos lá.

O desafio da gratidão

> Gratidão é o primeiro passo para se abrir portas.
> *Dr. Paulo Valzacchi*

Pessoas que verdadeiramente têm gratidão no coração vivem uma vida mais leve, têm uma perspectiva mais positiva do mundo, entendem melhor suas dificuldades e despertam dentro de si as forças necessárias para compreender e enfrentar de cabeça erguida cada obstáculo da vida.

Hoje vamos realizar um teste juntos. Uma avaliação que vai fazer você olhar para dentro de si mesmo e se avaliar, verificando se a gratidão está presente em cada pedacinho do seu ser.

Gratidão é um sentimento muito cultivado entre os havaianos com a prática do Ho'oponopono, e tem um papel fundamental na construção da sua felicidade. Então vamos lá, hoje é dia de teste.

Comecemos por dar uma nota para nós mesmos, que deve ser de 1 a 10. São apenas quatro perguntas e você vai quantificar as respostas. Pare e pense, tente se ver no dia a dia:

1. Você é uma pessoa que reclama?
2. Consegue ver algo positivo em uma situação desafiadora?
3. Considera-se uma pessoa grata por tudo: família, trabalho, casa e tudo o que acontece em sua vida?
4. Consegue agradecer, mesmo quando as coisas não saem do seu jeito, pois entende que há um tempo para tudo na vida?

Agora vamos analisar. Se você é uma pessoa que reclama muito, pode ter a certeza de que tem uma boa dose de ingratidão em seu comportamento. A ingratidão, o ato de reclamar de tudo, é um vício. Existem reclamações que são justas, mas que, com o tempo, se não forem contidas, acabam se tornando exageradas, reforçando o costume de não fazer nada para que as mudanças ocorram; o reclamador é sempre um ingrato.

Na segunda pergunta, quem consegue ver o lado positivo de um problema merece os parabéns, essa é uma qualidade de ouro. A pessoa vasculha o desafio em busca de algo que possa ensiná-la, e assim, lá na frente, as coisas não vão se repetir. Se na sua vida tem coisas que se repetem continuamente, pare, você não está conseguindo extrair a raiz da lição, será que não está na hora de olhar o seu desafio de uma maneira diferente?

Agora vamos analisar a questão três. Muitas pessoas dizem: "minha família é louca, impossível ser grata". No trabalho, retrucam: "o meu chefe é um carrasco" ou "eu odeio meu chefe". E sobre seu lar dizem: "detesto minha casa, só vejo brigas e discussões quando estou lá".

Comece a agradecer ao que possui. Sua família é sua raiz, reclamar dela somente faz apodrecer a árvore de onde você vem. Reclamar do trabalho faz com que se distancie da possibilidade de ser melhor, de ajudar, de crescer. Por fim, reclamar da sua casa, mostra o quão distante você está da harmonia e do equilíbrio.

Para finalizar, se você não consegue ver a luz nem no começo, nem no meio e nem no fim do túnel, a ingratidão já se instalou no seu ser. Lembre-se de que nem sempre as coisas vão ser do nosso jeito, precisamos aceitar que fizemos e podemos fazer o melhor que pudemos naquele momento, bem como as pessoas ao nosso redor também fizeram o seu melhor com àquilo que sabiam fazer, e entender que devemos seguir nosso caminho, agradecendo pelo nosso momento e jogando fora o velho, abrindo espaço para o novo a cada dia.

Avalie-se, olhe para si mesmo, para sua vida, para tudo o que está ao seu redor. Cultive o sentimento de reconhecimento e de agradecimento diário pelo que você tem, pelo que você faz, pelo que você é. Com essa energia, tudo pode mudar. Acredite!

Nossa ancestralidade

O mérito ocupa o lugar dos mais ilustres antepassados.
Philippe Néricault Destouches

Qual a cor dos seus olhos e de seus cabelos? E o formato da sua boca? Qual é a sua altura?

Agora eu vou fazer outra pergunta: de quem você herdou tudo isso?

Eu sei que você vai responder: "dos meus pais" ou "de meus avós". Indo além, podemos até atribuir aos nossos bisavós, tataravós e assim por diante.

Isso se chama herança genética e está dentro de nossas células como um código, são os nossos genes, e dentro de cada gene, temos o DNA, que nos faz únicos, mas que carrega um pouquinho de cada um dos nossos antepassados, da nossa família, da nossa tribo, do nosso clã.

O gene não só define os aspectos físicos, mas também quais doenças possivelmente podemos desenvolver, tal como diabetes, pressão alta ou mesmo um câncer. A atriz Angelina Jolie, com base em seu exame de mapeamento genético, tirou ambas as mamas, pois era certo que ela desenvolveria um câncer ali. Para não passar por todo o sofrimento previsto, ela simplesmente tomou a decisão de eliminar o mal pela raiz. Isso tudo graças a tecnologia que temos hoje, que possibilita mapear doenças através dos códigos de DNA.

Descrevi tudo isso para questionar algo impressionante, será que o DNA também pode trazer comportamentos dos nossos antepassados? A resposta é sim. Vícios, infidelidades e várias outras condutas podem ser carregados através desse sistema. Estudos sérios e profundos demostram que temos um sistema de DNA energético, que muitas vezes tem o poder de influir em nossas decisões e escolhas como algo instintivo, podendo ir ainda mais além; traumas, bloqueios, dificuldades de nos relacionar podem também ser transmitidos por esse sistema.

Não é uma boa notícia tudo isso, mas é uma descoberta que nos põe em alerta a respeito da necessidade da nossa limpeza ancestral.

Poucos profissionais realizam estudos e observações sobre esse tema, eu sou um deles e digo que esse assunto tem muito a ver com Ho'oponopono, com a Constelação Familiar, com nossos Registros Akáshicos, com a Epigenética e uma complexidade de outros temas e estudos. O que mais importa nisso tudo é que existe a possibilidade de "limpar" a nossa energia ancestral.

Primeiro é preciso entender que a nossa linha ancestral não é uma maldição, ou tampouco uma sujeira, mas, sim, uma herança da qual precisamos agradecer e, por vezes, filtrar e purificar.

Mozart, Beethoven, Bach, dentre outros, tinham heranças ancestrais que os tornaram verdadeiros gênios na expressão de suas artes, ou seja, a herança também pode ser positiva. O que acontece é que a facilidade e a predominância das heranças genéticas negativas são muito maiores, pelo simples fato de que não sabemos olhar o lado positivo de forma cotidiana, e isso pode, e muito, nos atrapalhar.

Repetições de infidelidade, falta de prosperidade, vícios, depressão, tudo isso pode ser de certa forma prevenido ou ajustado ao realizar uma série de exercícios de limpeza ancestral. Se soubermos de onde viemos, entendendo com isso os nossos familiares, podemos trabalhar nossas energias, purificando e alimentando o nosso melhor. Acredite, é possível.

Bem, esse é meu convite para você se aprofundar no tema "limpeza das energias ancestrais", afinal, mais importante que mudar a cor do cabelo, é mudarmos por dentro, para assim termos melhores escolhas e um melhor destino.

Estresse contamina

> A maior arma contra o estresse é nossa habilidade de escolher um pensamento ao invés de outro.
> *William James*

O ESTRESSE É UMA RESPOSTA DO ORGANISMO quando pressionado por fatores externos, algo imensamente grave que vem causando diversos problemas na vida das pessoas.

Hoje em dia, muitos profissionais discorrem sobre esse tema, mas tenho observado que isso vem se tornando um agravante sem precedentes.

Procure refletir:

- O que será que perdemos quando estamos acelerados?
- O que deixamos de ver, de viver?
- Quais os detalhes importantes que deixamos passar?
- Qual o valor que se perde em nossa trajetória de vida?
- E mais: será que você não está tentando levar o mundo nas costas?

Apenas reflita. Estresse é pressão, aceleração, e ambos nos induzem a carregar pesos que não nos pertencem. Observe o impacto que isso tem na sua vida, procure entender que o pior pode acontecer, um infarto, uma doença súbita e de repente tudo aquilo pela qual se aborreceu não faz mais sentido; você pode, inclusive, nem estar mais aqui pra ver. Mas o mundo vai continuar girando, as pessoas vão continuar vivendo e você perdeu tantas coisas pelo simples fato de acelerar demais a sua vida e acabar caindo na pressão e no estresse.

Mas de onde vem o estresse?

O estresse é fruto de um sistema de sobrevivência, afinal, precisamos trabalhar, produzir, resolver. Esse sentimento advém de uma rotina autoimposta, em que viver dentro de padrões limitantes parece não ser a melhor conduta. Somos medidos e avaliados constantemente pela nossa eficiência, uma pressão atrás da outra. São compromissos diversos e extenuantes: alimentação; aluguel ou condomínio; escola dos filhos; carro, dentre outras contas cotidianas ou não que temos de pagar, e por aí vai. O mundo é competitivo.

O estresse do trabalho, das cobranças e das pressões diárias nos deixam cansados, esgotados, deprimidos, e é aí que surge o vilão da história: numa atmosfera de tanta pressão, ficamos imersos numa nuvem negra. É preciso algo para aliviar toda essa tensão, e então, caímos em algumas armadilhas como as drogas, o álcool, a compulsão alimentar, por compras ou sexual, a infidelidade, etc.

Tudo isso promete dar um alivio rápido para a sensação de sufoco em que você se encontra, porém a um custo muito alto, e assim, a vida passa para a condição de "contaminada".

Somos frutos das nossas escolhas. A pressão do trabalho atinge o nosso lar, a nossa família, brigas começam do nada, é uma queda de braço constante. E a tendência é piorar. As pessoas, ao invés de se apoiarem, afastam-se, enchem um caminhão de insatisfações e despejam a culpa uns nos outros.

Pare! Desacelere, reorganize-se, não permita que isso aconteça – esse é o momento de rever muitas coisas.

Quando a rotina chega em nossa vida, a insatisfação se instala. Não permita que isso aconteça com você; comece a mudar, pouco a pouco, alguns hábitos; olhe um pouco mais para si mesmo, para os seus; aproveite um pouco mais os momentos a dois ou em família; comece a soltar o mundo de suas costas; respire; tire a tensão.

Lembro-me de uma vez que compramos uma linda toalha de mesa e guardamos no guarda-roupas. Num outro dia, compramos um jogo de copos de cristal para uma ocasião especial, e também guardamos. Um dia desses ao abrir o armário vi dezenas de coisas guardadas, copos talheres, toalhas, xampu, roupas, eu respirei fundo e pensei com clareza "hoje é o dia especial". Sempre o hoje. Não amanhã, hoje, agora! Então o que você tiver de fazer, faça hoje, saboreie a sua vida; dê o melhor para si e para os seus; mude sua rotina; desacelere; curta seus filhos, sua casa, seu jardim, o parque perto da sua casa; ouça boas músicas; coma sua comida preferida; faça um passeio a dois; vá ao cinema sozinha ou assista um filme em casa – com pipoca; tenha conversas gostosas com quem quiser; sinta o sol da varanda e pratique tantas outras coisas extraordinárias quanto quiser ou desejar.

Particularmente, faço isso todos os dias. Trabalho com milhares de histórias, diariamente, são problemas de outras pessoas que faço questão de analisar e ajudar cada uma delas a obter resultados, mas no final do expediente bato o sino que instalei na porta da clínica e digo: "que todos os meus problemas fiquem aqui". Assim eu saio mais leve.

Costumo dizer aos meus pacientes que, ao entrar em suas casas, batam no batente da porta e digam "meus problemas ficam aqui, amanhã eu os pegarei e os solucionarei, mas agora meu momento tem de ser de leveza".

Pense nisso, não permita ser contaminado pelo estresse, mas, sim, pelo amor.

O mantra do poder

*Nada é mais poderoso na sua vida
do que concentrar suas energias num ponto só.*

Dr. Paulo Valzacchi

Na prática de uma das maiores terapias de cura, limpeza e gratidão já conhecidas, o Ho'oponopono, usamos a repetição do mantra: "sinto muito, me perdoe, eu te amo, obrigado". No nosso sistema de criação de motivação e de poder temos também um mantra especial, que inclusive uso há muitos anos: basta dizer por várias vezes, com toda a sua força interior, as palavras: "eu quero, eu posso, eu vou conseguir e eu consigo com a ajuda de Deus".

Mas no que será que esse mantra pode me ajudar?

Sempre digo que nenhum mantra, oração ou o que quer que seja funciona efetivamente se você não unir a essa prática a energia da abertura com a energia da mudança; não adianta eu abrir o caminho e me encostar no sofá: é preciso percorrer o caminho. Esse é e sempre será meu pensamento básico, pedir e ir dormir, não fazer nada e esperar os milagres acontecerem se chama *comodismo*. E se não acontecer? Não vai adiantar pedir mais e mais forte, é preciso movimento, o mundo é assim; um constante ir e vir de todas as coisas.

Agora veja, quando você faz uma oração, o que isso significa?

Oração é orar + ação, ou seja, fazer o seu contato com o Divino por meio do ato de orar e de agir, essa é a beleza de tudo, você prepara o caminho e começa a jornada mais confiante.

Com o nosso mantra de poder é a mesma coisa. Ao dizer "eu quero, eu posso, eu vou conseguir e eu consigo com a ajuda de Deus", diariamente, e se conectar com a proposta de cada uma dessas palavras, tudo se fortalece, tudo se abre.

Para funcionar, porém, existem alguns preceitos básicos que devem ser seguidos. Por exemplo: falar mantras de poder da boca para fora, sem sentir dentro de você a força de cada palavra, de cada emoção ou sentimento, não funciona. Sem esses ingredientes você se torna apenas um papagaio.

Ao dizer "eu quero", uma revolução interna é ativada, porém é preciso saber de forma bem definida o que realmente se quer, e essa pergunta só pode ser respondida no seu mais profundo silêncio, então eu lhe pergunto: o que você quer?

Conforme estudamos no curso de Ho'oponopono, o querer é a força de vontade, a energia, o estopim para tudo acontecer. Se o querer é fraco, murcho, tênue, nada acontece. Se ao pedir algo você percebe que aquele sentimento não é suficientemente forte dentro de você, então pare, pois está perdendo o seu tempo. É preciso a definição da sua mais profunda vontade, da emanação da alma, não do desejo.

A outra palavra de poder é: "eu posso". Em nossas aulas de Ho'oponopono aprendemos que tudo pode ser ilimitado, mas que isso depende da fé, da força interior de cada um, e também da extraordinária capacidade de liberar o melhor que existe dentro de cada ser, essa é a chave: eu posso sim, e devo estar consciente de que cada poder, escolha ou decisão tem uma consequência, precisamos aprender a lidar com isso.

Depois dizemos: "eu vou conseguir". A partir do momento em que as duas chaves iniciais foram ativadas, essa será mais simples, e é aqui que uma pergunta se faz necessário: "o que ou como devo fazer para conseguir aquilo que quero?".

Pronto, chegamos ao topo. A descoberta de como eu vou chegar lá, a construção de estratégias, de planejamento e de organização para atingir meu objetivo, faz com que eu alie dentro da minha mente duas coisas: a fé e a ação. É por meio dessas duas determinantes que eu posso ter a certeza de que meu objetivo será atingindo; eu preciso crer e agir.

E por fim a máxima que diz: "eu consigo com a ajuda de Deus". Aqui nada possui contexto religioso, pois tudo é universal. Coloco-me no caminho proposto pela minha divindade interior, o despertar, o melhor de mim, construindo o que me faz bem para compartilhar com os meus. Quando entrego tudo aquilo que desejei, que acreditei poder conseguir e que coloquei o meu intento em realizar, chego no ápice da criação e afirmo com propriedade que "consigo" com a ajuda de uma força maior, mas amparado por tudo que construí.

Deixei aqui, de forma simples, o nosso mantra de poder. Ao realizá-lo com toda a sua energia e a sua conexão, as portas estarão cada dia mais abertas, prontas para o seu caminhar, para a sua busca, para o seu crescimento e por uma vida melhor.

Apenas conecte-se e pratique!

Eu quero, eu posso, eu vou conseguir e eu consigo com a ajuda de Deus.

O despertar

> Só há um tempo em que é fundamental despertar.
> Esse tempo é agora.
>
> *Buda*

SEMPRE FUI APAIXONADO por exercícios terapêuticos, pois eles são extremamente eficazes para despertar nossos potenciais, habilidades, insights e muito mais.

Há anos trabalho com o Ho'oponopono, uma poderosa ferramenta, quando utilizado da forma correta.

Ho'oponopono é uma prática de cura baseada em uma rica filosofia de vida, composta de quatro atitudes: autorresponsabilidade, gratidão, amor e perdão.

Quando falamos sobre perdão, um bloqueio considerável parece se apresentar diante de nós.

Por que será que é tão difícil perdoar?

No decorrer da minha jornada profissional percebi algo interessante, para se perdoar alguém, ou uma situação, é preciso de um tempo de maturação. Neste tempo, precisamos revisar muitas coisas, principalmente nossa mente, mas também o nosso coração.

Essa maturação é o que eu chamo de aceitação, é preciso aceitar que existem coisas que não podemos mudar, essa é a mais pura verdade, por mais dolorosa que seja, é preciso aprender a conviver com tudo isso.

Com base nessa dificuldade de as pessoas perdoarem, criei um exercício que pode contribuir para deixar mais leve a aceitação e o perdão. Se você se propor a fazê-lo, tenho a certeza de que será um marco inicial de uma jornada de leveza.

Pegue sua agenda e uma caneta, sente-se e vamos juntos, tente fazer este exercício de maneira leve, sem cobranças ou autopunições, mas acima de tudo, tente ser sincero consigo mesmo. Os resultados são surpreendentes.

Pense em um episódio de sua vida que tenha sido doloroso e que você não consegue aceitá-lo, mas que gostaria que fosse diferente. Nosso primeiro passo aqui é que você anote como gostaria que tudo tivesse acontecido. Imagine todos os fatos, use sua criatividade, pinte, desenhe, retrate como quiser a sua história, até sentir uma sensação de felicidade. Sinta, conforme for se expressando, que esse sentimento está mudando, você está ficando mais leve.

Agora pare e anote o que realmente ocorreu; escreva os ressentimentos dessa situação vivida.

Pronto, a partir daqui uma porta foi aberta, respire fundo e diga "sinto muito, me perdoe, eu te amo e sou grata(o) por cinco minutos. Agindo assim, você estará mais perto de aceitar a ideia de que esse acontecimento em sua vida foi uma experiência criada por você, pela sua idealização. Quando entendemos isso, encontramos a nossa parcela de responsabilidade e compreendemos que tudo isso tem um objetivo. Ao aceitar a sua responsabilidade e o seu papel, sem culpas, a sua própria evolução faz com que a névoa em sua mente comece a sumir. Nosso coração precisa desse alívio, sem cobranças, sem dores, com paz e leveza, e com a certeza de que o processo de evolução tomará conta da gente.

Que tal decidir começar hoje a perdoar e a se libertar, afinal, você merece seguir por novos caminhos, você merece despertar!

A chave de ouro

> Meu caminho pode não ser o teu caminho.
> Contudo, juntos, marchamos de mãos dadas.
>
> *Khalil Gibran*

O MUNDO JÁ NÃO É MAIS COMO ERA ANTES, a máxima parece até um dito popular, mas é a mais pura verdade, estamos em constantemente evolução. Com base nisso, eu lhe pergunto:

Você está sofrendo com indecisões, medos, inseguranças, desespero, dúvidas, decepções, frustrações ou mesmo não aceita algo, seja lá o que for? O que você está vivendo hoje?

Muito provavelmente sua resposta vai ser sim para uma ou mais questão listada no parágrafo anterior. O que você está vivendo hoje pode ser uma ferida antiga, algo intocável, doloroso, difícil de dimensionar, de sarar, mas pode também ser algo novo.

Agora pense: do que você precisa para se libertar?

Eu tenho a chave de ouro para você se libertar e viver novas descobertas. Quer seguir comigo, abandonar tudo e seguir fortalecido por este novo caminho?

Essa não é uma decisão difícil, é simples, é fácil, basta dizer SIM.

Bom, se você respondeu SIM, esse é o maior equivoco da sua vida! Seguir caminhos prontos ou atalhos na esperança de suavizar sua dor não resolve o seu problema e nem fortalece a sua determinação.

Não existe um caminho certo para o crescimento pessoal nem para a solução de seus problemas. Você não precisa disso, nunca precisou e nem vai precisar.

O seu caminho já está escrito, impresso na sua alma. O que você precisa é de uma nova maneira de caminhar e nada mais.

É isso que é difícil de perceber, as pessoas buscam em outras uma direção, mas não é a direção que vai fazer melhorar a sua vida; o que realmente vai fazer a diferença na sua existência é abandonar o velho jeito de andar e despertar para uma nova maneira de percorrer a sua jornada.

Você pode se perguntar: "mas o que é exatamente isso de mudar a minha forma de caminhar?"

É o que tentamos fazer todos os dias. A todo momento refletimos sobre diferentes maneiras de pensar, de sentir, de agir. Às vezes, chega uma mensagem que toca seu coração, ou que lhe oferece um insight, algo que vai colocar você em ação. Outras vezes a solução chega por meio de um curso, de uma palavra ou por um simples exercício. Seja da forma que for é hora de parar de engatinhar, esse é o momento de se livrar dessa história do passado, dos apegos, da mania de culpar o outro, das injustiças, dentre muito outros vitimismo que costumamos usar. Agora é o momento de se amar, de se valorizar, de se perdoar, de seguir sem muletas, sem apoios, passo a passo, rumo ao seu caminho.

Ainda está em dúvida sobre qual caminho seguir?

Pensou que eu ia lhe dar uma chave e você iria abrir a porta e encontrar tudo pronto? Não, a chave de ouro consiste exatamente nisso. Eu não posso lhe ajudar a escolher. Como poderia? O caminho é seu, a descoberta é sua. Mas posso dizer que seja qual for a sua escolha, ela será a melhor opção para você.

Pare um pouco, respire, e se não tiver chegado a uma resposta ainda, tente fazer com que a sua dor diminua a tal ponto que o foco na ferida se apague e a cura apareça, dê-se apenas a chance de ser feliz, nem que for momentaneamente, porque é de pequenas felicidades que construímos o nosso caminho! Pronto, você encontrou a chave de ouro!

Atitudes negativas, são, em geral, aliadas a pensamentos egoístas; é quando temos um sistema interno que diz: "eu preciso ganhar sempre", "preciso levar vantagem em tudo", "ter razão para mim é mais importante que ser feliz", e por aí vai.

Mas por que existem pessoas tão egoístas? A resposta é simples, pessoas assim não sabem viver bastando-se a si próprias, com isso, elas têm atitudes negativas; pensam negativamente e, consequentemente, agem de maneira negativa e costumam dizer que coisas ruins só acontecem com elas: parece que as adversidades grudam nessas pessoas. Ao contrário do que uma pessoa negativa pensa, a autossabotagem faz parte de seu cotidiano, é ela que atrai todo o mal que há em sua vida, porém costumam dizer: "mas que atitudes negativas são essas? Eu faço de tudo para estar bem, mas parece que só sei perder".

O que elas não percebem é que não precisamos ganhar sempre. É claro que todos nós queremos ganhar, mas a vida não se resume somente nisso. A vida não é sobre você e eu, mas, sim, sobre o todo; ganhar é receber, mas também é aprender a doar.

Inconscientemente, quem só vê o lado ruim das coisas acaba se tornando uma pessoa ingrata; a falta de percepção e de valores faz com que ela não reconheça as atitudes boas de quem convive ao seu redor, ou até mesmo daqueles que estão distantes, mas que fazem o bem, gerando assim a escassez.

Ter abundância é trazer gratidão, não somente a você, mas para todos.

Vou dar um exemplo:

Marcos é vendedor, ele sai de casa para o trabalho e pensa, "preciso sobreviver, preciso ganhar dinheiro, não tenho nada nessa droga de vida". Observem, "preciso isso; preciso aquilo", como está a energia dele? Qual é o foco de seus pensamentos? Marcos só pensa na escassez, na ingratidão, ele não vê o que tem, mas somente o que precisa, ele só consegue ver aquilo que lhe falta, sua técnica de venda está alicerçada em sua energia negativa, em querer cada vez mais: é um circuito de ganhar e perder, mas ele só quer ganhar o tempo todo.

Com essa atitude, Marcos está dizendo inconscientemente: "pelo amor de Deus, compre de mim", mas isso não atrai compradores, é claro.

Luiz também é vendedor e sai de casa com o mesmo propósito que Marcos, mas ele é adepto à gratidão. Antes de sair de casa, Luiz agradece pela família que tem, pela saúde de todos, por sua criatividade na hora de vender, pela força e disposição para ir à luta diariamente; ele agradece a tudo.

Quando Luiz chega ao seu cliente, diferentemente de Marcos, ele não gera ansiedade. Com uma postura e uma energia de gratidão, ele vai de encontro ao cliente e diz: "em que posso lhe ajudar hoje? Vamos ver juntos as melhores opções?

Luiz é sincero, quer vender, mas quer ajudar o outro, ele quer contribuir e não pensa somente em si, ele pensa no todo. Essa atitude pode fazer com que ele venda mais ou não, mas com toda a certeza as suas chances são maiores. Marcos também pode vender ou não com o seu comportamento de escassez, mas sempre vai ser pouco para ele, porque, na verdade, o que conta é a sua energia, tanto para o dinheiro como para muitas coisas na vida. Não adianta esconder as suas intenções, a verdade sempre vem e elas sempre estarão vibrando claramente, dizendo o que deseja.

Se o seu desejo estiver ligado ao egoísmo, o sucesso não vem.

Repense a sua maneira de encarar os desafios, aja com gratidão, essa fórmula pode ser usada em todas as áreas de sua vida.

Use sua chave de ouro. Experimente!

Frustração

> Ajuste suas expectativas,
> e assim serão ajustadas as suas frustrações.
>
> Dr. Paulo Valzacchi

O MUNDO NÃO É COR-DE-ROSA, frustração é algo comum, é um sentimento que pode estar presente em muitas situações quando as coisas não saem do nosso jeito.

Aprender a lidar com as frustações é o que dita as regras para uma vida mais harmônica, sem os altos e baixos tão comuns em nossa sociedade. Vou dar um exemplo para você entender perfeitamente o que eu digo e aprender a lidar com as frustrações.

Outro dia fui ao cinema e haviam dois filmes que eu queria assistir; eu precisava escolher um. O primeiro parecia que se encaixava melhor com o meu gosto, mas fiquei pensando: "será que o outro não será melhor?".

Sejamos honestos, isso quase sempre acontece, sempre que temos que fazer uma escolha ficamos com a sensação de que estamos perdendo algo.

Entrei no cinema, assisti ao filme e foi genial. Sai de lá e nem pensei na outra possibilidade. O que será que aconteceu?

Bem, é simples, o primeiro filme foi tão bom que houve uma enorme compensação e fez com que eu esquecesse a frustração de não ter escolhido o outro.

Mas o contrário acontece também, e está tudo bem. Um dia um amigo me convidou para assistir um filme japonês; adoro filmes estrangeiros, mas naquele dia eu não estava muito sintonizado. Resolvi prestigiar meu amigo, porque é uma troca, um dia eu faço algo que não estou muito a fim, outro dia ele faz isso por mim. O filme não foi muito bom, e eu, é claro, sai frustrado, fiquei pensando em tantas outras coisas que deixei de fazer para estar ali.

Na saída do cinema decidimos ir a um restaurante; comida boa, ambiente agradável e muita conversa. A compensação foi tão grande que a frustração de ter assistido um filme ruim desapareceu.

Talvez a vida haja dessa maneira, numa tentativa de equilíbrio entre frustração e compensação. Tem dias que acordamos de mau humor, mas o café da manhã é tão maravilhoso que nos empurra para cima, ou você tem um dia exaustivo de trabalho, mas acaba conhecendo pessoas vibrantes ou sai à noite com a pessoa amada e tudo acaba compensando.

Não é diferente, por exemplo, de quem quer emagrecer. Perder alguns quilinhos pode se transformar em um objetivo com enorme frustação. A pessoa passa pela vitrine de uma lanchonete e lá está, aquela linda bomba de chocolate, irresistível, e é claro que ela vai comer. Pronto, a culpa, seguida de uma enorme frustração, já está instalada.

Olhando para essa situação, é possível perceber que aquela pessoa vai ter um prazer instantâneo, não muito durador, assim como quase todo prazer, mas nesse caso ela vai ter um mega arrependimento, que vai mexer muito com seu emocional por um bom tempo. A grande escolha está aí: prazer instantâneo e arrependimento constante, ou moderação e satisfação a longo prazo.

Para ganhar, é preciso saber perder, essa é a compensação que vivemos diariamente.

Precisamos apenas ajustar nossas frustrações para que elas não sejam contínuas, caso contrário, elas vão criar angústia, aquela dor no peito e mal-estar constante.

Faça escolhas na sua vida, mas não lamente por aquilo que deixou passar. Não se fruste, melhores compensações chegam quando aceitamos melhor as nossas escolhas!

O cansaço diário

> Se toda a sua energia for gasta na rotina, não sobrará tempo para a pessoa mais importante do mundo: você!
>
> Dr. Paulo Valzacchi

SE VOCÊ JÁ ACORDA TODOS OS DIAS CANSADO, pode ter a certeza de uma coisa, você está dormindo mal, e isso, provavelmente, caso não seja nenhum problema mais sério de saúde, é devido a muitos pensamentos turbulentos, problemas e mais problemas, que acabam gerando estresse.

Muitas vezes o desânimo, o cansaço, nada mais é do que o acúmulo de uma rotina de pequenas insatisfações, nada novo acontece, é todo dia essa mesmice que precisa ser urgentemente mudada; esse é o momento de alterar algumas estruturas e padrões da sua vida.

O diagnóstico para isso é: "síndrome do padrão repetitivo", as pessoas casam, separam, casam novamente e mais uma vez se separam, ou então acabam uma namoro de uma forma difícil, começam outro e mais uma vez o final é doloroso; é frustrante, alguma coisa está errada, talvez não em você, não com você, mas no seu padrão de comportamento.

A chamada "zona de conforto" é uma repetição sem fim, seja no amor ou em qualquer outra área da sua vida é sempre a mesma coisa, o que reverte em dias cansativos e noites mal dormidas.

Estresse, rotina, desânimo, padrões repetitivos, o que fazer para acabar com tudo isso? Na minha experiência como terapeuta observei um método que contribui para mudar todo esse padrão, é o que chamamos de "mate o velho".

Matar o velho é abrir espaço para o novo chegar, é alterar a sua estrutura de ver, agir e sentir do modo antigo, para o comportamento novo. Esse é o começo de uma nova jornada. A partir de agora você vai iniciar um processo de mudança.

Comece por se organizar melhor. A organização proporciona novas perspectivas em relação a tudo, organize a sua vida, a sua casa, as suas amizades e seus relacionamentos. Organize a sua família, reestruture-a, entenda que cada pessoa ali presente tem o seu papel no ciclo familiar. Dê a verdadeira reverência a quem tem que dar, aposte no pertencimento, é bom pertencer, mas de maneira adequada e feliz, você vai notar a diferença.

Quando damos adeus ao velho, sentimos uma sensação de limpeza, de restruturação, mas lembre-se de fazer isso conscientemente. O que estamos falando aqui não é simplesmente dar adeus ao passado, é reverenciar o passado dando espaço para o novo. Comece agora! Faça diferente! Faça a diferença!

Mude seu comportamento no trabalho, apresente a você mesmo uma conduta inovadora em casa, faça uma comida nova, coloque um prato novo na mesa, use aquele talher ou copo que está guardado, experimente novos sabores.

O novo traz o novo, o velho traz o mesmo de sempre. Não se acomode.

Você está namorando? Saia da rotina, nada de mandar as mesmas mensagens de sempre, ligue, combine algo diferente para fazer no final de semana. A mesma coisa vale para o casamento, procure fazer algo novo, saiam sem os filhos de vez em quando, compre um mimo para pessoa que você escolheu para sua vida, namore! Rompa os padrões! Se você é filho, chegue em casa e dê um abraço forte na sua mãe, em seu pai, irmãos ou avós! Muitas famílias moram com os avós e quase não os percebem dentro de casa, façam eles pertencerem. Que tal dizer eu te amo para seus entes queridos?

O novo exige ousadia, audácia, coragem de fazer algo diferente. Diga adeus ao estresse, assim sua energia muda, as pessoas mudam, o mundo muda, seu sono melhora e aquele cansaço diário vai embora.

Nosso sistema de aprendizado baseia-se em aprender e realizar tentativas. Acertar ou errar fazem parte integral desse modelo. Porém, durante o aprendizado, existem certas "placas de avisos", como eu costumo chamar, que não podemos ignorar, principalmente quando estamos aprendendo a viver melhor.

Uma dessas placas tem gravado: "Tenho tempo para todo mundo, menos para mim". Outra, logo após a essa, diz claramente: "Um dia a casa cai". E outra, ainda, ao lado da anterior, pergunta: "Quem você pôs no fim da fila?"

Avisos e mais avisos, e nós, desavisadamente, não lemos nenhum deles, não lemos e não acreditamos ou temos preguiça de pensar, essa é a mais pura realidade.

Quando ficamos sobrecarregados, a primeira reação que temos é a de nos afastar de nós mesmo. E a consequência disso é que acabamos por nos afastar das nossas prioridades, e isso não é nada saudável.

Muitas vezes estamos tão envolvidos no nosso dia a adia que não percebemos os sinais de que isso possa estar acontecendo conosco. Para entender um pouco mais, questione-se, responda a si mesmo a algumas questões básicas, tais como: "Do que eu mais gosto? Qual é o momento que me faz mais feliz? Qual é a minha melhor qualidade?

Analise atentamente suas respostas, caso elas não sejam simples e diretas, você deve estar longe de si mesmo.

Temos o triste costume de negligenciarmos a nós mesmos e, às vezes, não reconhecemos que podemos estar negligenciamos também a outras pessoas, algumas delas tão próximas a nós, que pode causar um grande estrago em nossa vida, é o que chamamos de desprezo involuntário. Veja os exemplos abaixo:

Beatriz é a pessoa mais doadora do Universo, ela está sempre pensando em todos, carrega todo mundo nas costas, vive cuidando de tudo, certamente ela vai para o Céu... Bem, quase. No afã de querer cuidar de tudo, ela deixou lá no fim da fila a sua própria família, e assim, a sua filha se perdeu no caminho, seu marido lhe causou sérios problemas e, por fim, sua própria saúde acabou descuidada.

Já a Mara é a carregadora profissional da família, a mãezona, a galinha que abre as asas e acolhe a todos, e claro, controla tudo. Mas um dia os filhos cresceram, o marido partiu e ela se viu perguntando: e eu? Mara se deu conta de que tinha tempo para todos e para tudo, exceto para si mesma.

Uma coisa é certa, temos vidas muito atarefadas, ninguém nega isso, são muitas responsabilidades e pressões externas que acabam "roubando" o nosso tempo, algo valiosíssimo em nossa vida. Precisamos nos ajustar para que o usemos o tempo de forma inteligente.

Firme um compromisso consigo mesmo e quebre aquele velho hábito de esquecer de se cuidar.

Fecho essa reflexão com uma pergunta: se você partir hoje deste mundo, daqui para outro plano, será que o mundo terreno vai virar um caos, vai parar ou vai gritar "volta pelo amor de Deus?" Ou será que a própria natureza se incumbirá de adaptar tudo e, assim, a vida vai continuar a seguir?

Que tal hoje você se colocar, pelo menos uma vez na vida, no começo da fila? Tente administrar o cansaço de cada dia e viva uma vida melhor!

Fechando ciclos

> Somos criadores de nossa experiência,
> abrimos e fechamos portas, esse ciclo precisa ser respeitado.
> *Dr. Paulo Valzacchi*

FECHAR CICLOS OU ENCERRAR UMA ETAPA usando a capacidade de deixar ir ou soltar. Eis o desafio.

Você já parou para refletir o quanto é complicado, difícil e desgastante fecharmos um ciclo e depois seguir em frente?

É como em um parto, a mãe precisa de um bom tempo para gestar, precisa digerir, entender, aceitar tudo aquilo que está acontecendo com o seu corpo, precisa se adaptar, para depois dar à luz a uma nova vida.

Mas o que será que nos deixa atados a ponto de não aceitarmos algum final, seja nos relacionamentos, seja no trabalho, seja em qualquer outra coisa na vida?

Muitas vezes somos invadidos por um sentimento de rejeição ou criamos expectativas em excesso, imaginamos tudo como sendo maravilhoso, é a tal idealização, ou seja, almejamos como tudo deveria ser bem antes de aquilo se tornar realidade, isso pode ser desastroso.

No caso de finais de relacionamentos amorosos, somos preenchidos por um sentimento de que nunca mais encontraremos alguém em nossa vida, e olha que somos 8 bilhões de pessoas, e você ainda acredita na coisa mais absurda do mundo, a de que aquela pessoa que não deu certo era a sua alma gêmea, mesmo depois de tudo o que ela fez com você, incrível não?

Isso também vale para o emprego, você é acolhido por um sentimento de que nunca mais terá um novo trabalho, de que foi rejeitado e de que não serve para mais nada. É incrível como a nossa mente funciona!

Mas não é só sobre idealização que falamos, há também um fator importante que contribui com tudo isso, a nossa carência afetiva que, quando está em alta, derruba a nossa autoestima.

É uma luta constante, e como vamos brigar e vencer diante deste complexo arsenal de coisas torturantes que nos leva todos os dias a ficar remoendo essas questões? O que fazer?

A vida é um ciclo! Ao fazermos uma escolha, o ciclo se abre, ele tem começo, meio e fim. Não pense nas etapas, pense em usufruir a experiência em si, já pensou a pessoa nascer e começar a viver pensando só na morte? Isso não faz sentido! O que faz sentido é aproveitar a jornada, claro, de modo consciente.

Na nossa vida algumas pessoas entram, outras saem e outras até permanecem, mas não nos pertencem. Essa é a lei da natureza, as pessoas criam laços conosco e sempre deixam algo, apenas isso. O que nos impede de ver essa realidade é o apego, é como passar pelo jardim e olhar uma linda margarida, por exemplo, ela é branca, o miolo amarelo, a textura é incrível e exala um doce perfume; como é bom usufruir disso tudo, o aroma, a beleza e a leveza. Mas de repente você se apega a essa experiência, colhe a flor, leva para o escritório na bela intenção de trazer harmonia para aquele local, só que depois de um dia ela está murcha, morta, sem vida. Isso é apego, é efêmero.

Procure não se apegar as experiências que você tiver na vida, usufrua, mas não deixe que elas o dominem. Aprenda que a vida é realmente um trem, pessoas entram, pessoas saem, guarde em sua memória as coisas boas que elas têm para lhe ofertar e dê o seu melhor para elas, aprenda, compartilhe, mas siga em frente.

Quem não aprende a seguir adiante não percebe que o tempo passa e, num momento de lucidez, quando vir a constatação de que o tempo realmente passou, de que tudo passa e que você demorou muito para fechar o ciclo e apreciar novas margaridas, esse choque de realidade pode lhe fazer adoecer.

Pense nisso. Sempre é hora de seguir em frente, aceitando o que é necessário para que uma nova história comece! Você provavelmente já deve ter ouvido falar no termo impermanência, certo? Se não, vamos conhecê-lo um pouco mais a fundo.

Impermanência significa que tudo tem um fim, ou seja, nada dura para sempre. Pode parecer estranho, mas mesmo sabendo disso nós acreditamos que tudo o que está ao nosso redor é eterno. Acreditamos que nosso emprego é eterno, que as pessoas são eternas, que todo mundo vai estar conosco por toda a nossa existência, que nada muda, que tudo permanece.

Lidar com a impermanência para muitos é mais complicado do que se parece, mas, por outro lado, este conceito verdadeiro, real e lúcido pode nos ajudar mais do que pensamos.

Em muitas ocasiões, não nos damos conta de que nossa vida é um sopro, quando somos jovens nem percebemos isso, mas quando ganhamos maturidade, pelo menos depois da metade da nossa vida, tudo fica mais revelador.

O tema da impermanência que desejo abordar aqui está ligado ao valor que damos às pessoas que estão ao nosso redor. Pela ordem natural da própria vida, nossos pais partirão deste mundo primeiro que nós e, jamais, nem por toda uma vida, estaremos preparados para isso. Mas a corrente segue, pela lei natural das coisas nossos filhos e depois nossos netos também passarão por isso, e assim, segue toda a ancestralidade; são as partidas e as chegadas da vida que nos revelam a sabedoria.

A vida é um sopro! Nós nos apegamos a tantas coisas pequenas e sem sentido. Dor, sofrimento, rejeição, abandono, sentimentos que não nos deixa seguir adiante ou mesmo perdoar.

Minha dica é: feche seus ciclos! Olhe para as pessoas que estão ao seu redor, elas não estarão eternamente com você, de uma maneira ou de outra um dia todos vão partir, e quando isso acontecer, você vai sentir uma tremenda falta delas, vai chorar, pensar em coisas que gostaria de ter dito, abraços esquecidos, conversas suaves, uma cabeça no ombro, um eu te amo, um me perdoe, um coração mais perto do seu.

Não guarde ressentimentos, mágoas ou decepções, não colecione dissabores, nada disso vai lhe ajudar a viver de arrependimentos, não vai fechar seus ciclos, vai alimentá-los, não deixe nada pendente, o trem corre, não sabemos quem vai descer na próxima estação, pode ser qualquer um, o que vale é o tempo que temos com essas pessoas. Um tempo que não volta, que não é acrescido, emprestado, que apenas se acaba, como uma ampulheta, na qual a areia corre sem parar e de forma silenciosa.

Desacelere, abrace quem você ama, diga "eu te amo", perdoe, dê valor não só aos seus sonhos, mas também aos daqueles que estão ao seu lado, procure conhecê-los mais, saber de suas dores e alegrias, compartilhe com eles algo muito especial que você tem: a sua vida!

Entenda que a maior dádiva que temos ao nosso lado são as pessoas que amamos, e que para dar a verdadeira importância a elas, devemos fechar nossos ciclos.

Aquilo que penso é o que eu sinto

> Flua com o que quer que aconteça e deixe sua mente livre: fique centrado ao aceitar o que você estiver fazendo. Isso é o melhor.
>
> *Chuang*

Muitos dizem: "o modo que eu penso dirige a minha vida". Mas será mesmo que nossos pensamentos podem definir o nosso destino?

O pensamento, em geral, antecede a ação, ou seja, de acordo com o que pensamos, agimos, esse é o fundamento de se ter esse aparato mental chamado cérebro. Podemos definir, portanto, que nossos pensamentos tem o poder de criar, e o resultado dessas criações são as nossa atitudes e as nossas escolhas, porém, temos processos mentais que desagregam à nossa maneira de pensar, eles têm o poder de nos autossabotar, diminuir nossa força e até o nosso entendimento das inúmeras experiências que temos em nossa vida.

Verdade seja dita: a vida não é mil maravilhas, os desafios existem, estarmos preparados para vencê-los no tempo certo é o que vai nos fortalecer.

Diante de algo que possa causar impacto em nossa vida, acabamos julgando os nossos dissabores com base na nossa dor, no despreparo, nas inseguranças e nos nossos medos. E então dizemos: "o que eu fiz para merecer isso?".

Essa é uma das frases mais comuns que temos no meio terapêutico, aliás, na vida em geral.

Pessoas se questionam o tempo todo sobre o que fizeram para merecer todo o "mal", a "dor de cabeça" e os "fardos" que carregam.

São esses questionamentos tendenciosos que bloqueiam nossa habilidade de pensar melhor e de encontra soluções, é aí que está a trava. Pensamentos assim causam resistências, travam nossa percepção, ficamos prisioneiros dos nossos sentimentos autoimpostos.

Existe uma fórmula muito boa para esse tipo de situação, a primeira coisa a se fazer é tentar identificar quando esse tipo de pensamento chega, aliás todo pensamento vitimizador é aquele que diz: "eu não posso" "eu não sei", "minha vida é péssima" e assim por diante.

Quando perceber que esse conjunto de reflexões ou essas mensagens chegam até você, pare, quebre o ciclo negativo, respire profundamente e depois repita por várias vezes, por uns cinco minutos, a frase: "o que isso quer me ensinar?". Fale repetidamente até criar um eco na sua mente, deixe o cérebro se alinhar a essa nova pergunta.

Pronto! Agora, de maneira mais centrada, permita que chegue as respostas saudáveis: receba primeiro o aprendizado de uma lição: "afinal o que estou aprendendo com tudo isso?". Essa é a sua lição e de mais ninguém, então viva intensamente cada segundo desse desafio.

Precisamos buscar dentro de nós mesmos as ferramentas para vencer, uma simples mudança de pensamentos ajustará seu cérebro, é como um carro, se você coloca uma gasolina ruim, ele não andará bem, não chegará à velocidade desejada e vai se danificando aos poucos, mas se você colocar o combustível correto, de qualidade, ele simplesmente vai render mais e trará bons resultados; seu desempenho será melhor.

Observe seus pensamentos, com certeza seus sentimentos, bons ou ruins, estão sendo ditados por eles. Deixe sua mente livre, você vai ver os resultados.

A interferência do passado no agora

> Culpa, arrependimento, ressentimento, tristeza e todas as formas de falta de perdão são causadas por muito passado e pouco presente.
>
> *Eckhart Tolle*

Já dizia a canção, "o passado é uma roupa que não nos serve mais". Você já parou para pensar se o seu passado está atrapalhando a sua vida? Será que você não está tentando entrar na roupa que não lhe serve mais?

Estamos mesmo vivendo uma época de muito passado e pouco presente, como disse Eckhart Tolle. Como o próprio nome diz, "passado" deveria ser algo que ficou para trás. Se ele passou, como pode estar aqui causando problemas? Será que você está vivendo no aqui e agora, ou está sempre indo lá para trás e revivendo situações antigas? Por que será que muitas pessoas não conseguem soltar, deixar ir? Por que teimam em voltar ao passado? Será que ficou alguma porta aberta, que o ciclo não se fechou? Por que você está segurando tudo isso?

Essas perguntas servem para avaliar o quanto você pode estar preso nessa gaiola do passado, acreditando fielmente que viveu uma vida de plena felicidade há tempos atrás, talvez com uma pessoa que você acredita ser única no Universo, e não se dá a oportunidade de seguir em frente, de encontrar seu caminho e viver de verdade.

Tudo na vida é um processo, é natural que se leve um tempo para desconstruir algumas ilusões, porém, quanto mais foco for posto nelas, mais elas se fortalecerão, e assim, o novo não vai se abrir e as oportunidades não vão chegar. Passado um tempo, o natural é que venha um "clique", um insight na sua cabeça, que faz com que as coisas se apresentem de maneira mais clara, e só então é possível entender quanto tempo foi perdido, e isso pode ser simplesmente decepcionante.

O insight vem com a maturidade e a clareza traz uma mensagem pontual: "aceite e siga; ponto final". Abandone todo o seu medo e a sua insegurança e passe a repetir para si mesmo: "eu mereço o melhor, eu mereço ser feliz agora".

O que pode estar bloqueando sua vida é a obsessão de trazer algo lá de trás para o agora. Entenda, definitivamente, tudo o que já foi, foi! Jamais sua vida será igual, aceite e se adapte! O que você não pode mudar, pode melhorar.

Mude a palavra *culpa* pelo senso de autorresponsabilidade. Se você consegue olhar para trás e ver as besteiras que fez, parabéns; reconhecer os erros é parte do seu crescimento. Mas se olhar para trás e não ver nada, é por que ainda não cresceu, não amadureceu, por isso não consegue ter uma consciência clara e bom senso em relação ao que passou. Então, nada de culpa. Atenha-se a fazer o melhor para você e para os que estão ao seu lado; siga, sem punições, mas com determinação, melhore a sua experiência de vida.

Um grande aliado do sofrimento é a teimosia. Pessoas teimosas gostam de acreditar que podem controlar tudo e todos, mas isso não é possível. Somos uma rede de milhares de conexões, não existe controle, existe responsabilidade. Não seja teimoso, aceite o que dá para você fazer, e faça, o que não dá para resolver deixe no passado. Lutar com a natureza não ajuda muito.

Para hoje, menos passado, mais presente e muita gratidão! Deixe o fluxo do Universo agir. Confie, o que é para ser, será hoje, amanhã ou lá na frente. Desfrute do que tem agora, o resto se resolverá.

Pode parecer impossível, mas não é

> Comece fazendo o que é necessário, depois o que é possível,
> e de repente você estará fazendo o impossível.
>
> *São Francisco de Assis*

QUANDO TEMOS UM GRANDE DESAFIO à nossa frente, temos duas elaborações mentais: a primeira é motivadora: eu vou conseguir! A outra é limitadora e nos transmite uma mensagem clara: isso é impossível.

Toda vez que recebemos uma mensagem de que algo é impossível, imediatamente a nossa mente se fecha, e assim, as possibilidades quase que automaticamente desaparecem, o resultado é a limitação, que nada mais é que um bloqueio, uma resistência.

Uma coisa aprendi na vida: não existe nada impossível, mas, sim, situações que exigirão mais de mim.

Veja o mundo em que vivemos, dele podemos extrair, por pura observação, inúmeras conquistas simplesmente extraordinárias, que nunca imaginaríamos ser possíveis de acontecer. Para isso não precisamos ir muito longe; quem diria que sairíamos tão rápido do telefone discado, para um celular que nos proporciona conversar com pessoas ao redor do mundo em segundos e com baixo investimento? Isso nos leva à conclusão de que nada é impossível. Ou pelo menos quase nada.

Algumas coisas são mesmo improváveis de acontecer, isso eu concordo. Existem casos em que a probabilidade é baixa, porém, como a própria frase diz, "uma em um milhão", mas percebe que sempre vai existir uma? Essa é a ciência do impossível.

O velho ditado diz: "um raio não cai no mesmo lugar duas vezes". Hoje já sabemos que pode cair sim; e cai.

O impossível é uma trava em nossa mente, uma venda, apenas isso. O mais interessante de tudo é que as pessoas conseguem ver possibilidades em tudo o que é negativo, mas não enxergam a possibilidade para as coisas positivas.

Parece que estamos mais abertos para o negativo do que para o positivo. Essa é a verdade. A mente é algo surpreendente, ela consegue imaginar e criar tantas coisas que é de perder o fôlego, mas se ela estiver ligada no negativo, somente conseguiremos enxergar desgraças, porém, se ativarmos o lado positivo, nem o céu é o limite.

Mas será mesmo que pensar positivo, na fórmula de que tudo é possível, vamos chegar a algum lugar?

Bem, imaginar, pensar, criar, tudo isso está somente dentro de nossa cabeça, esse é o primeiro passo, aliás tudo começa dentro da nossa mente, todas as invenções do mundo foram antes concebidas e aperfeiçoadas pela mente criativa.

No entanto, você tem que transportar essa semente, dar asas à imaginação ou criar uma condição mental favorável para o mundo real, esse é o nosso desafio.

Quando me dizem que alguma coisa é impossível, costumo contar uma história:

Você acreditaria se eu dissesse que uma pessoa pode comer uma bicicleta? A primeira resposta que nos vem à mente, devido aos nossos arquivos da impossibilidade, é claramente um NÃO.

Porém a resposta é: SIM. O que na sua cabeça era impossível, já aconteceu.

Um homem realmente comeu dezoito bicicletas, quinze carrinhos de supermercado e até um avião Cessna 150, está tudo registrado no Guines Book, não há o que contestar.

Bizarro, não é? Mas o que quero mostrar com isso é que, sim, dá para fazer coisas improváveis, não que elas sejam corretas, mas possíveis. Michel Lotito morreu aos 57 anos, de causas naturais, com certeza a sua dieta não o ajudou a ter uma vida longa.

Para fazer o impossível é preciso ousar, tirar todas as vozes que gritam dentro de você afirmando que não pode, que não consegue, que não vai dar certo.

Você não é um derrotado. Basta acreditar nisso e usar sua mente, sua inteligência e sua criatividade de forma positiva.

Tente, não desista, são as tentativas bem elaboradas que capacitarão você para obter bons resultados. Todo processo deve passar por duas bases solidas: prazo e estratégia, ou seja, têm situações nas quais teremos resultados de tempo diferentes, de curto, médio e longo prazo; tudo vai depender da elaboração de cada estratégia.

É difícil, mas não é impossível! São apenas alguns passos que precisam ser dados. Comece hoje mesmo, agora, caminhe rumo ao sucesso.

Encarando as situações da vida

> Todo ser está em busca da verdade,
> mas pequenos medos continuam a lhe impedir.
> *Osho*

As pessoas costumam olhar os acontecimentos de maneira diferente. Vamos classificar essas pessoas em três grupos:

No primeiro grupo estão as pessoas que não dão atenção alguma aos fatos que acontecem. Entre essas, muitas oportunidades passam despercebidas, parecem estar no mundo das nuvens, nada faz sentido para elas, nada se encaixa; é como se a vida fosse um fluxo de acontecimentos e experiências aleatórias, simplesmente vão vivendo, muitas sem perceber que elas mesmas criam suas bênçãos e suas dores.

Já no segundo grupo, as pessoas conseguem se conectar com tudo o que acontece, mas, embora tenham esse senso de conexão, acabam extrapolando ou acreditando que tudo é carma. Se uma agulha cai de suas mãos é como se o Universo inteiro estivesse dando um sinal celestial. Pessoas assim possuem uma visão tão ligada aos extremos, que interpretam a vida como se fosse repleta de sinais constantes, como se fosse um sinaleiro direcionando a sua existência.

O terceiro grupo é integrado por pessoas mais coerentes, que entendem que tudo está conectado, que não existem acasos e que o mundo é regido por leis certas e implacáveis; elas não ficam inventando teorias e desculpas para tudo o que ocorre. Essas pessoas têm bom discernimento, bom senso e são ditadas pelo equilíbrio.

A qual grupo você pertence? Se a resposta for ao primeiro grupo, no qual todos vivem suas vidas de maneira despercebida, esse pode ser o momento de rever algumas questões, dar uma atenção especial para os detalhes e começar a se encaixar nas situações. Saia um pouco do automático e perceba as mensagens que estão na sua caixa de e-mail da vida. Elas podem ajudar.

Agora, se você se identificou com o segundo grupo, cuidado, muitas vezes nem percebemos que estamos inventando tantas coisas mirabolantes, acreditando em tantos absurdos ilusórios e desconstruindo tanto a nossa percepção lógica sobre os fatos, que não vemos o óbvio.

No mundo em que vivemos, a única certeza que temos é sobre a morte, o resto são apenas um apanhado de teorias e sonhos. Viva seus sonhos, mas cuidados com os exageros, embarcar nessa de que sempre uma mensagem após a outra está chegando como avisos para sua vida é fantasiar demais.

Já o terceiro grupo tem como palavra-chave o equilíbrio. Observe, tudo que está em harmonia é gratificante, estrutural e construtivo. Não se trata de ser perfeito, ninguém é, mas de ter coerência naquilo que faz.

Quando estamos em conflitos, tendemos a ser incoerentes, ficamos num estado de incertezas que fatalmente vai nos prejudicar. Em geral, as pessoas não aceitam algumas boas verdades, alguns terremotos que são necessários para que possamos abrir os olhos. Precisamos encarar a situação e dar o seu melhor para resolvê-la.

Para hoje, coerência e equilíbrio; esteja aberto as suas escolhas e consequências, não fique fantasiando.

Procrastinação: nome difícil para dizer algo simples

> A resistência à situação desagradável
> é a raiz do sofrimento.
>
> *Ram Dass*

UMA DAS QUEIXAS MAIS COMUNS que recebo em meu consultório é o fato de as pessoas não conseguirem terminar o que começam. Isso é motivo de angústia e frustração para muitas pessoas; é o tal "empurrar com a barriga".

Dizem que com o avançar da idade ficamos mais lentos, morosos e até ociosos, mas isso não pode ser tratado como verdade. Conheço pessoas da terceira idade que dão um show de energia, sempre fazendo, arrumando, mudando algo, procurando aprender e muito mais.

É aí que entra a tal procrastinação, um nome complicado para dizer o quanto você está "empurrando as coisas com a barriga" ou deixando para depois.

Quando você escolhe algo para realizar, pode ser por dois motivos: por desejo ou por necessidade. O desejo muitas vezes é melhor que a necessidade, mas aprenda que ambos têm de ser realizado.

A primeira coisa que lembramos quando a vida nos cobra muitas tarefas ao mesmo tempo é "faça sempre uma coisa de cada vez", essa é a essência de tudo. Você pode, por exemplo, ter dez tarefas para ser feita durante o dia e talvez não se sinta apto a realizar todas nesse espaço de tempo, mas o que vai adiantar protelar? A ideia de que se você deixar isso ou aquilo para mais tarde dará certo é totalmente ilusória.

Anote as suas tarefas em um papel, coloque numa ordem de prioridade e comece a realizá-las, uma por uma. Procure fazer primeiro as tarefas que exigirão maior dedicação e atenção, com isso, as demais se tornarão mais leves.

No começo do dia temos uma carga extra de energia e, geralmente, estamos mais motivados. Aproveite essa energia extra e crie prazos, estabeleça metas, é divertido trabalhar com objetivos e em etapas.

Quando não definimos um prazo determinado, somos invadidos pela preguiça e acabamos deixando tudo para depois, para o último minuto, porque absolutamente não planejamos nada.

Anote aí no seu cronograma: tenho de fazer isso até dia ou hora tal, e pronto, agora é só focar. Anote!

Falando em foco, é isso que fará toda a diferença em seus propósitos, sabemos que o mundo nos oferece muita distração, a qualquer momento você pode ser atraído para o prazer e deixar de lado o que precisa ser feito, existem dezenas de redes sociais, canais de vídeo, TV, celular, enfim, parece que se não estamos conectado, não estamos vivendo. Mas isso tudo é ilusão, tire os distrativos e observe como tudo flui melhor e seu dia se torna muito mais produtivo.

Agora, imagine-se encontrando uma pessoa que empurra mais com a barriga que você. Dá para imaginar que esse encontro não terá um efeito positivo, concorda? Então fique mais perto das pessoas que são positivas, que tenham mais energia e que possam lhe dar dicas para melhorar alguns aspectos da sua vida, como, por exemplo, a sua criatividade e a otimização do seu tempo. Lembre-se de que essa energia toda tem o poder de nos contaminar positivamente.

Por fim, uma observação engraçada, quando pedimos para nosso cachorro latir, pular e rolar, o que fazemos quando ele obedece? É claro, damos biscoitos para ele. Isso se chama recompensa, algumas pessoas também funcionam assim.

Imagine que você trabalha mais de 45 horas por semana, chega em casa todos os dias cansado, não vê a hora de chegar o sábado e o domingo para relaxar e curtir um pouco, o que estes dias vão representar para você? Uma recompensa, é óbvio!

Funcionamos muito bem quando, após atingir um objetivo ou concluir uma proposta, ou algo do gênero, recebemos uma recompensa.

Então pare de procrastinar, cumpra suas tarefas e escolha uma recompensa que vai lhe trazer um pouco de prazer. Essa é uma fórmula básica e funcional; nada de se distrair com passarinhos, borboletas ou libélulas, são tão lindos, não é mesmo? Então realize suas tarefas e tire um momento para observá-los, você vai ver o quanto é gratificante fazer o que quer sem culpa.

Que tal colocar em prática essas regrinhas e concluir aquelas coisas que estão paradas por muito tempo em sua vida? Vamos lá, não jogue fora o seu bem mais precioso: o tempo!

Olhe para dentro de si mesmo

O poder sobre os outros é uma fraqueza disfarçada de força.
O poder verdadeiro está dentro de você e disponível agora.

Eckhart Tolle

EM TODOS ESSES ANOS TRABALHANDO com pessoas, a pergunta que mais fiz foi: "você realmente se conhece?".

O que observamos nos dias de hoje é que, de um modo geral, as pessoas estão mais preocupadas em conhecer os outros do que a si mesmas. Acontece que, muitas vezes, e isso já é recorrente, mesmo acreditando que conhecemos bem certas pessoas, acabamos nos surpreendemos com suas atitudes. Essa surpresa nos mostra que nem sempre vamos conhecer as pessoas com profundidade, então, não seria melhor colocar essa energia em nós mesmos.

Você ficaria surpreso com o número de coisas que acredita não ser capaz de fazer.

Quais são seus desafios, seus limites e seus potenciais? Você sabe identificar? Sabe avaliar cada sentimento limitante que tem? Para poder enfrentar seus desafios e reconhecer o seu potencial, é essencial essa análise, que vai lhe proporcionar um maior cuidado com a sua saúde física e mental.

Algumas pessoas dizem: "eu sou sem graça, não tenho forças pra nada, sou desanimada, insignificante".

Nada disso! Em nosso curso de autoestima fazemos algumas perguntas bem estruturadas para demonstrar o quanto estamos enganados sobre nós mesmos. Nosso objetivo é fazer com que o aluno desperte o seu gigante interior. E acredite, há um aí dentro de você, basta descobrir.

Um gigante interior é uma figura de linguagem para mostrar que dentro de você têm os chamados "pontos fortes". Não é possível descobrir esses pontos apenas pensando neles, você só poderá descobri-los se fizer um exercício de autorreflexão. Para tanto, pegue uma folha, uma caneta e anote os momentos da sua vida em que a força, a firmeza nas atitudes e a energia despendida a ela foi predominante. Ter garra, ou então muita paciência e dedicação, é o que nos leva em direção à vitória.

Após analisar esses momentos e entender que no fundo todo gigante é feito de habilidades, qualidades e potenciais, tudo será mais claro para você. Coloque cada habilidade que tem em prática, treine bastante, assim sua vida vai ser simplesmente muito melhor.

Caso você ainda não tenha conseguido descobrir suas habilidades, pode acreditar, está em tempo, a dica é reconhecer, despertar e depois agir, ou seja, pôr em prática o seu melhor com um objetivo bem claro.

Deixe de ser tirano consigo mesmo, não se cobre e nem se culpe demais. Não se puna!

Eu acredito em bondade, em pessoas que demonstram compaixão, mas também acredito que você mereça um pouco mais disso tudo. Seja um pouco mais flexível, não existe perfeição, isso jamais irá existir, mas existe gentileza e compreensão, saiba ver o lado bom da vida.

Sempre guardamos dentro de nós mesmos uma nuvenzinha negra, o nosso lado crítico interior. Se você soubesse como isso faz mal, essa nuvem só grita na nossa mente palavras que não nos ajudam; clama por justiça, sempre fala de ressentimento, de que os outros e nós mesmos somos culpados, e por aí vai. Essa nuvem é fortalecida pela ingratidão, ela é egoísta e pode atrapalhar a sua vida,

Minha dica de hoje é: olhe para dentro de si mesmo, deixe os ventos da sabedoria soprar essas nuvens que em nada contribuem para você, não tenha ressentimentos, não se culpe, pare de olhar tudo como injustiça, com revolta, ciúmes, inveja ou vingança, deixe isso tudo ir embora. Atrás dessa nuvem tem um sol que brilha na sua vida. Se existe gratidão em seu coração, se você faz o seu melhor, se consegue se perdoar, seguir em frente, virar a página, desapegar-se do passado, acredite, esse sol vai estar sempre aquecendo sua vida.

Paciência: um ingrediente sagrado

> Tudo depende de você.
> Você pode dormir para sempre.
> Você pode acordar neste exato momento.
>
> *Osho*

A ARTE DE ESPERAR, é assim que é definida a paciência para algumas pessoas, mas será que é só isso? Esperar?

Vamos a um breve teste: de 1 a 10 o quanto você é paciente?

Para ser bem assertivo no seu nível de paciência faça uma análise em todas as áreas da sua vida, sei que essa pode ser uma pergunta complexa, então vamos dividi-la em duas partes.

Primeiro analise: o quanto você é paciente consigo mesmo?

Caso você se culpe, não dá valor a si mesmo ou passa sempre por cima dos seus limites, a sua pontuação deve ser bem baixa.

Agora reflita:

O quanto você é paciente com os que estão ao seu redor?

Por exemplo, você tem filhos? Comece a sua avaliação por aí. Já parou para pensar o quanto precisa ser incrivelmente paciência com eles? É claro que sim, mas você sabe por quê?

Simplesmente porque eles merecem, afinal são os seus filhos, seus frutos, e temos que assumir nosso papel dentro da hierarquia familiar. As crianças não pensam da mesma maneira que os adultos, elas são ingênuas, sonhadoras, sempre querem carinho e atenção, e o grande perigo é: elas aceitam isso de qualquer um. Assim, aconselho a cuidar melhor dos seus filhos, com muita paciência.

Caso não tenha filhos, faça o mesmo questionamento em relação aos seus pais; tenha muita paciência com eles, às vezes nossos pais são mais cabeça dura que nós, são resmungões, mas tudo o que eles precisam é que sejamos mais pacientes. Tudo aquilo que vemos agora, foi construído um dia por nossos antepassados, nossos pais fizeram o melhor com aquilo que eles sabiam fazer, devemos respeitar isso, mesmo que não estivermos de acordo.

As pessoas ao nosso redor são diferentes de nós, cada uma delas pensa de uma maneira diferente, essa é a beleza de tudo. Tenha paciência com elas. Pensar diferente nos traz crescimento.

Para os casados vale lembrar que foi você que escolheu aquela pessoa. Um relacionamento não vai dar certo sem nenhum esforço, é preciso investir, e um desses recursos é a paciência. Precisamos deixar de lado aquela nossa teimosia, não podemos estar certos o tempo todo, para que criar um "braço de ferro" no amor? Gritar, discutir, querer ter razão nunca leva a nada. Devemos ter um pouco mais de paciência e aprender a viver de forma plena. Veja que a impaciência esconde as bênçãos de nossos olhos, acolha cada momento com tranquilidade e equilíbrio.

E como está a sua relação de paciência com Deus?

Pedir insistentemente, querer tudo no seu tempo, fazer de Deus o seu escravo, não vai contribuir em nada. Tudo vai ser sempre no tempo de Deus!

Para hoje, gratidão, respeito e paciência, essas são as três dádivas que irá fazer a sua vida mais feliz e o seu caminho mais leve, coloque-as em prática.

O alimento certo para sua humanidade

> Quando a mente está perfeitamente clara,
> o que é, é o que queremos.
> *Byron Katie*

EXISTE DENTRO DE NÓS uma humanidade maravilhosa, mas também um lado um tanto primitivo e rudimentar que muitos não sabem lidar; talvez a maioria de nós não saiba.

Como saber qual lado atua mais fortemente em nós? Como despertar o melhor que possamos ser? Essa é uma pergunta de ouro.

Quando estamos focados no amor, na gratidão, na responsabilidade, a nossa luz interior, que é a nossa clareza, o nosso bom senso, bons pensamentos e uma ótima energia pessoal, se expande.

Em contrapartida, quando acessamos nosso sistema de culpas e deixamos nossa miséria nos distanciar do amor, cultivamos o apego, o ciúme, a raiva, a ingratidão e com isso, uma parte sombria do nosso ser primitivo vem à tona.

Querer tudo do seu jeito, custe o que custar, transforma você em uma pessoa egoísta e dá espaço para as sombras se abrigarem, e então, faz-se necessário aprender que não estamos sozinhos no mundo, todos nós temos sonhos e desejos, isso faz parte de sermos humanos; é preciso muito entendimento e outras qualidades para saber lidar com isso.

Se você é inflexível, duro e costuma se cobrar demais, além de cobrar os outros, uma parte da sua luz se enfraquece e dá brecha ao seu orgulho, a inseguranças e aos medos; a luz se faz presente quando há respeito e compreensão.

Existe uma dificuldade muito grande de compreendermos a nós mesmos, o que torna difícil entendermos os outros também. Por vezes, a sombra é o sopro do ego, que quer tudo, que tem apego a tudo, que só quer, quer e quer, como uma criança birrenta, vazia, que quer as coisas sem ao menos saber o motivo.

Já vi casos de ter uma criança brincando com um carrinho de madeira bem simples, rindo e se divertindo, ao lado uma outra criança, brincando com um carrinho supersônico, aqueles lindos e brilhantes. Passados alguns minutos, o menino do brinquedo caro olha o carrinho de madeira da outra criança e instantaneamente já não quer mais o seu, ele quer aquele, que é bem mais simples.

Mas o que aquele menino quer realmente? O carrinho de madeira? Nada disso, ele quer a felicidade da outra criança.

Pare por alguns instantes, veja que aqui não está em jogo o brinquedo, o celular, a self, o apartamento ou aquele companheiro. Não são seus desejos que estão em jogo, mas, sim, afastar a sombra da insatisfação e aprender a ser feliz com o que tem. Traga luz para sua vida, não importa se o que deseja é de madeira ou de ouro, aprenda a dar valor ao que realmente tem valor.

A felicidade pode estar presente em todas as coisas, das mais simples as mais incríveis, o que você precisa fazer é apenas reconhecer.

Hoje a dica é, não alimente o seu Eu primitivo, as suas sombras, nutra o simples, aquilo que tem real valor. Seja profundo em seus sentimentos. Valorize uma palavra de amor, um elogio, o respeito ao próximo e a si mesmo. Faça tudo o que for preciso para despertar uma forte luz em sua jornada rumo a sua felicidade.

Acredite nos seus sonhos

> Fazer o novo é fazer o impensado, então crie e faça.
> Dr. Paulo Valzacchi

Quantos são os sonhos que desde criança cultivamos guardados dentro de nós, fortalecidos com a esperança de um dia serem realizados?

Nos tempos de criança, tudo parecia mais simples, mais fácil de alcançar. Mas e hoje, quantos sonhos você tem? Quantos se tornaram realidade? Quantos estão aí esperando para serem concretizados? Quantos já se foram?

Existe dentro de nós uma pergunta que pode dar início à manifestação do seu sonho e, assim, tirá-lo da mente e colocá-lo no mundo, permita-se fazer essa pergunta: o que eu verdadeiramente quero?

A descoberta do que realmente queremos é como se déssemos um passo num planeta estranho, o primeiro toque dos pés na Lua. Não é a certeza da concretização, mas a marca do primeiro passo.

O pintor antes de colocar a tinta no quadro faz um esboço de algo que saiu da sua mente, de sua imaginação; é um processo de criação.

Faça seu esboço, tire o sonho da sua mente e coloque na vida real. Pode ser um plano absurdo, improvável, pequeno ou gigantesco, até mesmo impossível aos olhos de algumas pessoas, não se importe com isso, tudo o que realmente quisermos pode se tornar realidade, você sabe disso.

E se alguém ou alguma coisa lhe disser ao contrário, não escute, não acredite, apenas aposte no sim. Vá de encontro aos seus desejos, mas não como um ser adulto rígido, duro, desanimador; lembre-se do brilho e da energia da criança que busca com imensa vivacidade o inusitado, o novo, sempre com um sorriso no rosto.

Todos nós queremos um trabalho maravilhoso, uma família perfeita, viajar, conhecer o mundo, cada um com seu sonho, cada qual com o seu objetivo.

O que você tinha em mãos quando começou a desbravar os seus limites em busca de transformar seus sonhos em realidade? Provavelmente nada, ou muito pouco. Mas se o outro conseguiu, por que com você seria diferente? Todos nós podemos começar do zero, subir degrau por degrau, sonhar alto e buscar as nossas mais profundas forças para chegar aonde queremos.

No meu caso em particular, não foi num piscar de olhos que realizei os meus sonhos, eu aprendi a ter paciência, a fazer o novo, a me reinventar.

Tudo isso faz parte de quem eu sou, não é questão de somente alcançar meus sonhos, o que importa é a experiência de que tudo chegou até mim porque amadureci, eu cresci, aprendi a amar, a perdoar, a agradecer, a ter responsabilidades diante da vida e a deixar ir. Aprendi a respeitar a mim e aos outros. Essa é a extraordinária beleza dos sonhos.

E você? Tem se permitido sonhar? Qual sonho ainda não realizou? O que você tem feito para concretizá-los? Dê essa chance a você e lembre-se: parado não teremos resultados, é preciso agir, e tem que ser agora!

Então vamos lá, experimente, faça o novo, busque com todas as forças chegar aonde você quer, erre se preciso, e se não der certo, tente outra vez, erre de novo e mais uma vez, persista na direção certa. E se desanimar, se perder a confiança, volte lá trás e converse um pouco com aquela criança que está aí dentro de você, permita-se sonhar novamente, afinal, a vida é apenas um sonho, então por que não o concretizar?

A maioria das pessoas não fazem a menor ideia sobre a existência e o poder das forças ancestrais. Estamos acostumados apenas a repetir padrões de forma totalmente inconsciente. Repetimos papai, mamãe, o nome de um time de futebol, brincadeiras ou insultos sem nem ao menos reconhecermos as repetições ou sabermos mais sobre elas, muitas vezes agimos apenas de maneira intuitiva.

A atuação da energia ancestral em nós é um fato e, por vezes, elas nos leva a uma série de repetições de padrões. Os motivos são bem claros, comportamentos e energias são hereditários, seu sistema familiar vai realizar uma forte interferência nas escolhas que fizer em sua vida.

Mas cada indivíduo pode fazer o seu próprio movimento, tente perceber o que e a quem você está repetindo. Tenha coragem de enfrentar o seu ego e de assumir a sua identificação, a sua herança de determinados padrões, bloqueios, traumas e comportamentos.

Você precisa entender algo fundamental, se essa repetição for boa e está levando você ao sucesso, à honestidade, ao amor, ao seu bem-estar, então continue, você encontrou a fórmula da sua vida.

Nossa vida é composta de comportamentos positivos e negativos, alguns em nada nos ajuda, outros nos guia para a direção certa. Se seu padrão repetitivo está incomodando, mude o rumo, dê uma chance a você!

Observe ao seu redor quem seguiu o melhor caminho, quem teve sucesso na família, no emprego e como ser humano. Quando identificar alguém assim, entenda que essa pessoa tem uma fórmula, algo que funcionou, que lhe trouxe paz, prosperidade, harmonia; são em comportamentos assim que você deve se espelhar em seu caminho.

No entanto, deixo uma ressalva aqui: cada um tem o seu caminho, sabemos disso, o que eu incentivo é o olhar para o sucesso das pessoas que estão próximas e acrescentar aquilo em seu comportamento. Agregar em sua vida exemplos daquilo que outras pessoas fizeram e que deu certo, é um processo inteligente de criar uma base sólida em sua própria vida.

Júlio era um dos meus clientes mais preguiçosos, o rei da facilidade, só queria a tal da "sombra e água fresca", na vida dele tudo acabava errado, até parecia azar. Não, não era azar, era a consequência de suas atitudes. Júlio deixava tudo para depois, era distante e indolente, gostava de levar vantagem, fazia corpo mole, não gostava de estudar, nem de trabalhar, sempre tinha uma boa desculpa para tudo. A maioria dos seus ancestrais também eram assim; todos adoravam procrastinar.

Então sugeri que ele aplicasse a fórmula de observar os vencedores ao seu redor e, aos poucos, tentar aplicar em sua vida essas ferramentas. Júlio tinha um tio que era um vencedor, no qual ele começou a se espelhar. Não foi fácil! Eliminar padrões não é nada simples, demanda muita disciplina, mas ele conseguiu. Depois de um bom tempo o rapaz se tornou mais responsável, começou a estudar, arrumou um emprego e teve motivos mais sólidos em sua existência para realizar seus objetivos; ele criou o seu movimento. Tudo isso graças a um espelhamento, o uso correto do melhor que as pessoas têm em benefício próprio. Padrões positivos devem servir de reflexo e serem copiados, já os negativos devem servir de exemplo daquilo que não devemos fazer.

Olhe ao seu redor, veja as repetições, torne-se consciente delas, do quem tem por trás desses padrões, não os negue, tenha coragem de dizer eu sou assim e depois busque as mudanças necessárias espelhando-se a bons exemplos, algo que o fortaleça ou o inspire, é preciso sempre aproveitar o lado positivo das pessoas e agradecer aos que deixaram movimentos contrários, pois são comparações essenciais, como uma bússola; sou eu que escolho a direção que desejo seguir.

Dê uma chance a si mesmo, acredite nos seus sonhos, busque na história de seus ancestrais aquilo de melhor que eles fizeram, use isso como exemplo e seja feliz.

Abundância, mudando sua energia pessoal

> A natureza é riqueza e sabedoria em abundância,
> mostrando-nos que Deus nos criou para usufruirmos
> de todas as coisas boas da vida.
>
> *Zíbia Gasparetto*

ESCASSEZ E ABUNDÂNCIA SÃO VIBRAÇÕES que podem determinar como você pode mudar a sua energia pessoal, criar prosperidade, conduzir seus relacionamentos, determinar resultados no seu trabalho, aprender a gerenciar o seu dinheiro e a lidar com sua família, ou seja, é o que condiciona sua vida.

Quando a escassez está presente, somos assaltados por pensamentos negativos. Com eles, vêm também o desânimo, a revolta, a desmotivação e o pessimismo. Expressões linguísticas como: "não vai dar certo", "comigo não funciona", "eu não sei fazer isso, nem vou tentar", dentre outras, tornam-se comuns e um tanto destrutivas.

Toda essa energia negativa nos envolve como uma nuvem negra, só falta cair uma tempestade com trovões e granizos para completar; em alguns casos, isso acontece continuamente na vida das pessoas.

Essa nuvem pesada parece uma maldição. A sensação que dá é a de que ela paira somente sobre a nossa cabeça, dá vontade de sumir! Desaparecer seria a melhor saída, mas no fundo sabemos que fugir não vai dissipar a nuvem, ela vai nos acompanhar!

É o que eu sempre digo: as coisas nem sempre se ajeitam sozinhas. Precisamos ter força, procurar ajuda se preciso for e encarar a realidade. Enquanto carregamos nuvens negras para cima e para baixo, as soluções se afastam completamente do nosso foco. Se a pessoa está desempregada, o emprego não chega e, consequentemente, o dinheiro também não; se o desafio é o relacionamento, então tudo tende a piorar, pois a pessoa vivencia a falta todos os dias, sintonizando-se nessa frequência negativa, enfraquecendo toda positividade; os resultados são destrutivos.

Afastar essas nuvens exige ventos fortes, por isso nós criamos o curso Gratidão Atrai, inscreva-se, vamos dar uma chacoalhada em sua vida.

Depois de muito estudar sobre abundância e escassez, ficou bem claro para mim que a gratidão é um dos maiores dissipadores de nuvens negras e tenebrosas já conhecido.

A gratidão vem com reconhecimento, com aceitação, abre nossos olhos, afasta o pessimismo. Mas não adianta agradecer por agradecer, é algo muito mais profundo, é preciso enraizar a gratidão em seu ser.

Os benefícios são enormes, a gratidão chega a afastar doenças, curar relacionamentos, instalar o amor no seu lugar de direito, traz paz e harmonia ao invés do caos.

Imagine-se pagando uma conta de eletricidade, por exemplo, qual o sentimento que você possui ao realizar isso?

Se a sua vida é de escassez, primeiro você reclama, depois diz que não tem dinheiro, que a eletricidade é cara demais, e em nenhum momento agradece por ter o dinheiro para pagar. Não agradece nem mesmo pelos benefícios que aquele serviço leva até o seu lar: luz elétrica, geladeira, o uso do micro-ondas, chuveiro quentinho, televisão e por aí vai.

Ter abundância é isso, é conseguir reconhecer!

Se você não tem esse hábito, e poucas pessoas o têm, mude sua energia pessoal e comece hoje mesmo a agradecer.

O sofrimento

O sofrimento começa por toda a resistência ao que é.

Dr. Paulo Valzacchi

A REALIDADE À NOSSA FRENTE se apresenta assim, nua e crua. Estamos acostumados a sofrer.

Mas por que será que sofremos tanto? Será um desafio quando as coisas não saem da maneira que queremos ou quando as pessoas não são como imaginamos?

De forma bem clara e direta, o sofrimento é o resultado da imposição descabida da nossa ilusão pessoal diante da realidade que vivemos. Nossa mente tende a uma nova roupagem à realidade e aos fatos. Muitas vezes temos uma visão distorcida de tudo, é quando surge as ilusões e tentamos, a todo custo, fazer com que tudo seja do nosso jeito, não do jeito que é.

A nossa mente imatura quer estar sempre no controle, ela se apega a ideia de que a minha realidade deve ser a mais adequada para todos. Existe um mecanismo que elabora a seguinte crença: "tudo tem que ser como eu quero!" A mente foi programada para ser brilhante, mas ela é uma criança mimada.

Se meu relacionamento não está dando certo, minha mente birrenta grita, esperneia, e não aceita que seja assim. Quando alguém na família faz ou diz algo diferente do que eu espero, e aquilo me contradiz, pronto, mais birra pela frente. Se eu faço tudo pelos outros e não tenho retribuição, a mente grita "isso não é justo, eu mereço a retribuição".

A nossa mente é a grande responsável pelo sofrimento, ela possui muitas conexões ilusórias. Na verdade, nossa mente foi mal treinada, ela quer que o mundo seja o que suas ilusões ditam, quer que todos sigam as suas regras.

Se não funciona da minha maneira, pronto, lá vem a decepção, o que significa que a mente percebe que alguns dos seus desejos egóicos, ou vários deles, não foram satisfeitos.

Com o tempo, de um jeito ou de outro, amadurecemos. É como acordar e ter um insight: "o mundo não gira ao meu redor, eu não sou o centro do Universo".

E o que fazer para evitar o sofrimento? Como podemos controlar essa mente mimada dentro de nós? É simples: mude suas atitudes. Cultive bons pensamentos para acordar desse mundo de ilusão.

Ilusões são idealizações mentais, criamos um mundinho dentro de nós e acreditamos nele. O sofrimento é fruto dessa ilusão, é a frustração. Só para que entenda melhor, imagine que o seu mundo seja uma peça quadrada e que você precisa encaixá-la no mundo real, que tem uma forma redonda, será que isso é possível? É claro que não. Gastamos muita energia tentando a todo custo fazer esse encaixe e, por fim, nos decepcionamos.

Eu sempre digo: uma ilusão pode ser até saudável por um tempo, mas ela tem prazo de validade, após esse momento, é preciso abandoná-la. É como o Papai Noel, o Coelho da Páscoa, a Fada dos Dentes, todos esses modelos têm um propósito para a construção de sua personalidade, mas se você chegar aos 18 anos e ainda acreditar neles, isso não vai ajudar muito.

Procure substituir o sofrimento por resoluções. Não deixe que sua mente o engane, faça você esse papel; engane a sua mente viciada e destrutiva, faça com que ela entenda que ser feliz sempre vai ser melhor que sofrer.

Dificuldade ou falta de gratidão?

> A vida não está acontecendo para você,
> ela está respondendo a você.
>
> *Rhonda Byrne*

Dificuldade é uma palavra superestimada em nosso vocabulário. Qualquer situação que exija um pouco mais da nossa capacidade de resolução já transformamos em "dificuldade".

A gratidão e o reconhecimento são os principais ingredientes para combater as atribulações. Seja ela financeira, seja num ambiente familiar, seja em seus relacionamentos.

Quando olhamos com atenção para uma situação de conflito, logo descobrimos que a gratidão nunca está sozinha, ela sempre trabalha em equipe. A gratidão é uma energia poderosa!

Ser grato até mesmo nas vicissitudes é praticar o não julgamento. Julgar atrai pessimismo, desespero, faz com que a criatividade e a solução fiquem em segundo plano, o que acaba por levar à dificuldade, principalmente financeira.

Não julgar, significa deixar a gratidão penetrar e se fixar em todas as áreas da sua vida, em todas as pessoas ao seu redor. Isso tudo faz parte de uma renovação que tem o poder de unir você aos seus compromissos.

Outro inimigo das dificuldades é a aceitação. Quando somos gratos a tudo, não criamos resistência, aceitamos as coisas como elas são, sem fantasiar, sem trazer ilusão ou conflitos. A aceitação não dá a mão para o julgamento, ela solta, ela sabe que cada um é o que é, e que cada situação que passa tem uma revelação, um sinal, um ingrediente certo. Cabe a você ouvir a mensagem da vida.

Sabe aquela fase da vida em que nada dá certo? Pense! Será que não é preciso parar de julgar, parar de resistir e começar a aceitar e a agradecer?

Gratidão, aceitação e o não julgamento são fórmulas essenciais para mudar a sua vida.

Não se renda! Se a sua vida está uma bagunça, se tudo parece complicado demais, será que com a gratidão não existe a probabilidade de mudarmos isso, colocar as coisas em ordem? Claro que sim.

Certa ocasião de minha vida eu não conseguia arrumar um emprego e acabei entrando no hábito e na energia da reclamação e da escassez. Logo, no entanto, percebi que não era essa a direção do meu crescimento e comecei a agradecer e a buscar meu objetivo. Sabem o que aconteceu? A gratidão abriu as portas e eu venci pelo meu esforço.

Já estive mal nas minhas relações pessoais também. Em geral, somos egoístas, não olhamos o outro, não validamos sentimentos, então tudo se desconecta, as pessoas se afastam; a solidão é inevitável! Contudo, mais uma vez eu agi com gratidão e vi a superação. Aceitei a mim, as pessoas e a minha vida; parti para o campo de batalha para vencer.

Mas o que é dificuldade, afinal? Será mesmo apenas a falta de reconhecimento ou escassez? Não! Dificuldade é ausência de gratidão, é a aceitação do que temos como se não fosse nada. Já a gratidão afasta tudo o que é negativo e aproxima o que faz você respirar e pensar claramente para vencer seus desafios.

Nada que você fizer sem gratidão criará um escudo em sua vida, nada será uma espada, nada lhe dará a certeza da vitória, a não ser que você se fortaleça por dentro; a gratidão é um desses fortalecimentos.

Hoje, lembre-se de agradecer! Mas não somente hoje, agradeça sempre! Faça da gratidão um hábito!

Prepare-se, hoje é dia do elástico

A consciência é o grande agente da mudança.
Eckhart Tolle

A MENTE CONSCIENTE é o que de mais precioso podemos ter para viver uma vida tranquila. Uma mente treinada vale mais que qualquer curso que você possa fazer.

Costumo indicar aos meus pacientes uma técnica que ajuda a trazer a mente para o agora. Quando falamos de "mudanças", não precisamos de um super instrumento quântico cibernético espiritual para realizar essa dinâmica. Nada disso! Às vezes as pessoas acreditam que precisam fazer muito para conquistar algo, e eu sempre digo: não precisamos de muito, nem de pouco, precisamos da coisa certa.

O nosso instrumento de hoje é um simples elástico, isso mesmo, daqueles amarelos, bege ou azul, muito usado em escritórios ou para separar dinheiro.

Agora veja as seguintes regras:

- Não reclamar.
- Não pensar negativamente.
- Não criticar.

Coloque um elástico no seu pulso esquerdo, toda vez que você perceber que está infringindo alguma dessas regras citadas, apenas puxe o elástico o máximo que puder e solte. Com essa atitude você vai sentir dor, nada de mais, só um leve incomodo no local que o elástico atingir. Isso fará com que seu cérebro receba a informação de que você infringiu uma regra, e assim, ele vai trabalhar para ajustar isso.

Seja honesto consigo mesmo, o quanto você costuma reclamar? Observe as diversas áreas da sua vida, se a reclamação é uma constante, está na hora de você usar o elástico.

Livre-se dos chamados "pensamentos limitantes". Se os seus pensamentos tendem a ir pelo caminho do "não vai dar certo", "não vai funcionar", "eu não consigo", você vai precisar dar um lembrete à sua mente. O elástico vai lhe ajudar a fazer isso.

A crítica é outro alerta de que sua mente está acostumada com o modo negativo de ser. Procure não se cobrar tanto e, é claro, a não cobrar muitos dos outros também.

Olhe para dentro de sim mesmo, isso lhe dará consciência do impacto do seu reconhecimento e do seu crescimento pessoal, ou seja, você começa a realizar um dos processos mais poderosos da transformação, a auto-observação, o que nos leva a uma afirmação poderosa: "sem observar-me não há mudança alguma, serei passivo, cristalizado, meu mundo e minhas perspectivas se fecham, eu não consigo acolher a ideia da possibilidade da mudança". A auto-observação é um estímulo, uma elaboração pessoal. Experimente!

Hoje é o dia do elástico. Diga adeus às reclamações, aos pensamentos negativos e, é claro, às críticas direcionadas a si mesmo e aos outros. Esse simples exercício vai fazer você ver o quanto pode melhorar!

Rumo ao sucesso

Quem não faz boas escolhas terá de aguentar as más consequências.
Dr. Paulo Valzacchi

Muitas pessoas acreditam que a vida se baseia apenas em sucesso, que tudo se resume em alcançar metas, ganhar muito bem, ter uma beleza escultural e um bom status social. E assim, a vida parece uma imensa corrida desenfreada.

Não. A vida não é nada disso. Não se trata de pegar o troféu lá no fim da jornada. A vida tem mais a ver coma própria jornada.

Existem, é claro, ocasiões nas quais nossos sentimos travam, ficam bloqueados, mas quando descobrimos as causas dessas situações ganhamos um novo roteiro de vida, pois desenvolvemos a capacidade de superar, essa é a essência do sucesso.

Pensando racionalmente, o que mais nos bloqueia é a falta de coragem em tentar fazer algo novo. Acompanhe essa perspectiva, quando sabemos sobre algum assunto, realizamos nossos projetos mais rápido e acertadamente, mas se nos deparamos com algo novo, com o desconhecido, o que acontece? Ficamos paralisados.

Sucesso é se reinventar quando não consegue realizar, é aprender, tentar, arriscar. Uma vida bem-sucedida se construí assim, agindo!

Desistir, num primeiro momento, é até natural, fomos criados com pensamentos limitantes, a diferença estará naquele que não desistir, antes mesmo de tentar.

Existem vários fatores que nos leva a desistir, um deles é acreditar que o que vai ganhar fazendo aquilo é pouco. Porém, numa lógica mais sábia, você poderá avaliar que na vida não existe pouco ou muito, mas sim o certo para você.

O que discorremos então é um conjunto de desculpas para não dar o próximo passo ou para evitar novas situações. Ir de encontro ao sucesso requer muita sabedoria!

Temos uma aluna que tem 80 anos de idade. Isso mesmo 80 anos! Ela faz sempre nossos cursos, aliás ela me inspirou a escrever esta mensagem.

Certa ocasião fizemos um sorteio de livros, CDs e cursos no nosso WhatsApp. Essa aluna fez contato comigo e disse: "Dr. Paulo, eu li todo o texto recebido de como participar, mas não fazia a mínima ideia de como comentar algo no seu canal do Youtube, nem sabia que podia comentar logo abaixo do vídeo, mas queria participar, não queria ficar de fora, eu queria aprender, então pesquisei como comentar e encontrei vários vídeos a respeito desse tema, tentei uma vez, mas não achava o botão aqui no celular, fiquei perdida, respirei fundo, voltei de novo nos vídeos para aprender mais e, por fim, consegui, lá estava o meu comentário, prontinho, certinho, eu havia vencido meu desafio. A princípio eu não fazia ideia de como fazer aquilo, parece uma coisa boba, mas para mim era um desafio, agora eu faço de olhos fechados".

Essas foram suas palavras. No fim ela emenda, "eu não ganhei o curso, o Cd ou o livro, mas ganhei algo maior, descobri que quando a gente tenta, o maior prêmio é descobrir que é capaz".

Dona Luzia ganhou meu curso depois disso, é claro, e ela continua lá, tentando, crescendo, melhorando e dando um show para todos nós. Isso é sucesso!

O mais incrível de tudo é que ela descobriu algo genial, que o grande ganho dela se resumia em uma descoberta, algo fundamental: EU POSSO, EU QUERO E EU CONSIGO, e ela fez isso com inteligência, tentando e buscando aprender.

A dica pode parecer simplista, mas é incrivelmente funcional:

Tente! Não deu certo? Tente de novo! O sucesso vem através dos resultados que conseguimos. O novo sempre vai se apresentar aos nossos olhos de uma maneira que nos proporcione certa insegurança, mude isso, encare a vida como um desafio! Tudo que é novo pode nos travar, mas o sucesso não vem se você nem ao menos tentar.

Tensão, sinônimo de estresse

Tudo que for tenso é um aviso de que o caminho precisa de leveza.
Dr. Paulo Valzacchi

Estresse: uma consequência direta da tensão do dia a dia. Já falamos milhares de vezes deste assunto, não é mesmo?

Concordo, estou falando mais uma vez e certamente falarei muito mais. O fato é que o estresse é uma ramificação para o estudo de vários outros problemas existentes no comportamento humano. Essa pressão aplicada em uma pessoa insistentemente, acaba trazendo várias doenças, tanto físicas quanto emocionais.

Viver em tensão é viver num ambiente onde os nervos ficam a flor da pele, onde basta uma gota para tudo explodir. Nesses casos as pessoas vivem irritadas, sentem-se cobradas e pressionadas.

Se você observar bem verá que os gatilhos do estresse podem estar tanto fora como dentro de você. Pode vir de um chefe durão que não larga do seu pé, de um relacionamento que não vai muito bem, mas também pode ser fruto das cobranças que você impõe a si mesmo ou da culpa que nos acompanham a vida toda. Quando estamos sob pressão ficamos agressivos, raivosos, inflexíveis e por vezes um crítico chato.

Estresse causa doenças intermináveis, alergias, fibromialgia, indigestão, dor no peito, arritmia, gastrite, insônia, dor no corpo, desânimo e muitos mais.

A pergunta é sempre a mesma: "e agora, o que eu faço para me livrar de toda essa tensão?".

Livrar-se da tensão do dia a dia é muito diferente de acabar com o estresse. A primeira atitude que você tem que tomar é achar o foco do problema e procurar entender se aquilo é um caso isolado ou se você está fazendo disso um martírio. Depois, pegue tudo que descobriu e tente sair do problema, vá na raiz do estresse e diga a si mesmo: "eu não preciso passar por isso".

Mas tome cuidado, às vezes você pode estar atirando sua raiva para todos os lados, atingindo pessoas que não tem nada a ver com isso. Esse não é o melhor modo de lidar com o estresse.

Você já parou para pensar que a pressão que vem de fora se avoluma dentro da gente? Então, livre-se das amarras, solte-se, vá caminhar, dance, escute as músicas que gosta, faça algo que lhe agrade, mas solte essa tensão.

O trabalho, o dinheiro, ou a falta dele, a família e os relacionamentos são os principais motivos de estresse. É a partir da tensão gerada por essas situações que acabamos nos entregando ao estresse.

Sob a influência de sentimentos nocivos, nossas escolhas são sempre as piores; nossas atitudes também. Então a regra é básica, não tome decisões com a cabeça quente, procure antes aliviar a tensão ou a confusão mental. Se o problema for no trabalho, comece por tentar administrá-lo de maneira diferente, busque saídas e soluções renovadoras, não passe dos limites da sua capacidade, afinal, não somos robôs.

Outro detalhe importante é, tente aprender como lidar com pessoas difíceis, eu acredito que essa é a dica de ouro, afinal, nesse mundo tem muita gente difícil mesmo; preste bem atenção, não se torne uma delas.

Se o estresse apresentado for relacionado a sua família, comece por aceitar as diferenças entre os pertencentes da sua tribo, respeite o espaço deles, cada um do seu jeito, da sua maneira, aceite que o ritmo do outro pode ser diferente do seu. Um pouquinho de "deixa pra lá" pode ajudar, mas na medida certa.

Por fim, se a sua relação a dois estiver estressante, procure observar os momentos de tensão entre vocês, o que está levando a isso? Será que não é por causa da rotina ou da mesmice? Será que seu relacionamento não está precisando de algo novo? Ou será que está faltando dar um espaço maior para o outro? É preciso ver de onde vem as discussões e procurar resolvê-las sem medir forças. Não faça de algo simples um "cavalo de batalha". Entre num acordo, você vai ver que funciona.

Seja lá o que estiver disparando tudo isso, comece a tirar mais momentos para relaxar, para fazer o que gosta, para rir. Entregue-se as situações de prazer e de alívio, afinal, a vida é breve e não precisamos ficar esticando a corda com tanta tensão. Sabedoria é equilíbrio, é encontrar o ponto certo. Nem muito, nem pouco.

Limpe suas memórias

> Repetição é o resultado simples de algo
> que ainda não se aprendeu
> *Dr. Paulo Valzacchi*

UMA MANEIRA INTELIGENTE de limpar memórias negativas é por meio da repetição daquilo que você acredita ser positivo. Muitas de nossas dores podem vir de marcas deixadas por nossa própria família. Saber de onde você vem, qual é o seu clã, o seu grupo, é sentir a sensação de pertencimento. O mesmo acontece com nossos pais, tios, avós, bisavós. Entenda a importância de saber o que eles fizeram, de onde vieram, quais eram os seus costumes, as suas crenças, ao que se dedicavam, qual era o verdadeiro espírito de cada um deles e busque aprender com isso.

Onde estão suas raízes? Precisamos sempre fazer essa busca, não importando se os nossos ancestrais foram exemplos positivos ou não para você. Não importando nem mesmo se eles não foram presentes em sua vida. Quando honramos nossas raízes, nossa força cresce e celebramos nossa existência, e então, temos a liberdade de fazer nosso caminho individual.

Quando excluímos e não aceitamos pessoas da nossa família, a árvore do seu sistema familiar sente, tudo desarmoniza, desagrega, temos escassez, doenças, vícios, dor e sofrimento, como uma maldição que ronda o nosso seio familiar.

Excluir é se afastar do que não entendemos, do que temos medo, é preciso limpar essa linha de atitudes e de crenças e acolher a todos de uma maneira ou de outra. Para isso, comece a mentalizar frases positivas, eu indico o Ho'oponopono, uma técnica maravilhosa que vai ajudar, e muito, a limpar suas memórias.

Afastar o que não nos agrada não resolve nenhum problema, é preciso encarar a situação. Quando excluímos, repetimos padrões, veja esses exemplos:

Letícia saiu de casa jovem, não aguentava o pai que bebia, casou-se muito nova com um homem que se tornou agressivo e alcoólatra, ela não suportou e acabou se separando. Enfrentou muitas dores, traumas e cicatrizes, e então, tudo se repetiu no próximo casamento.

Lourdes também saiu de casa cedo, ela presenciou a infidelidade do pai e o sofrimento da mãe e acabou por repetir isso em seu matrimônio, dois casamentos falidos, todos acabados por infidelidade.

Esses são exemplos de repetições negativas e involuntárias, regidas por energias ancestrais que atuam na família como algo não resolvido.

Limpar suas memórias vai ajudar não a mudar o passado, mas a entender que é preciso ter consciência e aceitar seus pais como eles são, humanos, cheios de erros e de imperfeições. Vai mudar o seu olhar, pois foram eles que nos deram vida, e isso, por si só, já é uma questão de agradecimento.

Devemos honrar o nosso lugar de direito, mas também o lugar deles no topo da família, e assim, sucessivamente. É preciso entender e fazer diferente, aprender com as lições e o movimento de cada um dentro do sistema familiar.

Hoje, reflita, limpe suas memórias, comece a aceitar os seus familiares, aceite seus antepassados. Viva melhor, com amor, gratidão e honradez.

Dá para fazer isso?

Claro que dá, a vida apenas exige consciência, esse é o movimento em direção à felicidade.

Tocando a vida

> Tudo na vida se resume em equilíbrio,
> alcançando-o despertará a felicidade.
>
> *Dr. Paulo Valzacchi*

NOSSA VIDA É IGUAL A UM VIOLÃO, um instrumento belíssimo que tem muito a nos ensinar.

Assim como as cordas de um violão, é a nossa vida. Somos guiados por nossas escolhas, por nossas decisões, é como o dedilhar das cordas do instrumento, para que saia a melodia, precisamos escolhê-las e, precisamente, tocá-las. E então eu lhe pergunto, que tipo de melodia tem saído da sua vida? Como você tem tocado o seu instrumento?

Brigas, conflitos, raiva, revolta e agressividade deixam a corda tensa, o som sai estridente, será que a sua melodia está assim? Será que você não corre o risco de romper a corda por ela estar muito esticada? Se você está colocando muita tensão em sua vida, não seria hora de parar e começar a perceber que a vida não precisa disso?

Mas e se eu afrouxar as cordas? Posso fazer isso?

Claro que pode, porém, se afrouxar muito, terá como resultado o desânimo, a preguiça, a indolência e, provavelmente, vai procrastinar, deixar tudo para depois e talvez a melodia nem vai existir, a música nem vai sair dessas cordas. Essa ponderação nos possibilita extrair algo poderoso: não podemos ir para os extremos, precisamos encontrar o nosso caminho, o nosso jeito de tocar a vida, o caminho do meio.

Para isso precisamos ajeitar a tensão da corda. Fazemos isso no braço do violão, ajeitando as "borboletinhas", soltando ou apertando, prestando atenção no som emitido. Na vida, ajustamos os braços do amor, da compreensão, dos valores que encontramos pelo caminho. Tudo tem que ser ajustado. O tom é você que vai dar.

O violão tem um buraco no centro que chamamos de caixa acústica, de onde ressoa a melodia. Nosso corpo também está sempre ressoando tudo aquilo que afinamos, é como um dar e receber do Universo mediante as vibrações. O que eu dou, o que eu faço, como me sinto, vai ser a resposta que teremos desse Universo.

O instrumento nos devolve o som que tiramos dele ao tocá-lo. Se você grita com o mundo, esbraveja, fala palavrão, qual vai ser o som que vai ter como resposta?

Agir sem pensar, sem ponderar ou elaborar a situação, não analisar as inúmeras possibilidades para fazer as melhores escolhas, gera sons de ansiedade que se precipitam, sendo devolvidos a você pelo Universo como resposta à sua vibração. São as consequências, é assim que o sofrimento é gerado.

No fim, podemos escolher, as cordas estão ali, no seu violão. Você pode escolher o nome das suas, eu escolho uma boa melodia, minhas notas são gratidão, amor, perdão, autorresponsabilidade, fé e coragem.

Cuide bem das cordas do seu violão. Cuide bem de todo o violão, não deixe ele na umidade das lágrimas, tampouco nas altas temperaturas da raiva, do nervoso, do estresse. Não estique demais as cordas da sua vida, mas não afrouxe muito também.

Tenha carinho e apreço por esse violão, ele é a sua vida. Aprenda a tocar uma melodia harmônica, saudável, que envolva corações, e deixe aqui o seu legado; a música que muitas pessoas jamais vão esquecer, aquela que será guardada na memória do seu coração.

Resignação pode ser a sua salvação

> A melhor oração é a paciência.
> *Provérbio Budista*

Recebo todos os dias mensagens de pessoas que querem as coisas mais absurdas, do jeito delas e imediatamente. Elas querem mágicas em sua vida. Muitas desejam que seus parceiros mudem de comportamento, mas depois de um tempo se cansam e querem novas mudanças. Outras pedem para mudar de emprego, conseguem, e depois desejam o emprego de volta. Algumas desfazem seus casamentos, se arrependem e passam a vida procurando outro casamento igual ao que tinham. Tem gente que quer manipular a justiça, os processos, as decisões e até acreditam que Deus é injusto por não ouvir o seu apelo de ganhar na loteria.

Percebe que se não tivermos foco a vida pode ser um mar de insatisfação? O que falta na verdade é paciência e resignação. Nem tudo se pode mudar e aquilo que não pode ser mudado passa a não ser mais da nossa responsabilidade.

Quando eu falo no consultório que tudo tem um tempo certo e um fluxo para amadurecer, e que é um processo, no qual temos de respeitar a resposta e o ritmo da vida, entendendo que existem consequências de curto, médio e longo prazo, muitas vezes percebo que o paciente olha para mim como se eu estivesse falando outra língua.

Bem, eu não sei ao certo em que mundo estamos, mas sei que com esse tipo de pensamento e com essa atitude as pessoas se tornam frustradas, desanimadas e gastam a sua energia no foco errado.

No fundo, precisamos entender o ciclo da vida, o tempo certo para agir e, com isso, instituir algumas regras. Necessitamos parar de tagarelar mentalmente e começar a ouvir verdadeiramente nossa voz interior. Aprender a ouvir é uma dádiva da sabedoria, pois quem ouve entende, reflete e amadurece.

É preciso saber dividir, e isso deveríamos ter aprendido lá na infância, na construção do nosso comportamento, do nosso caráter. Saber dividir ou compartilhar é o segredo de toda a vida para afastar o egoísmo e trazer abundância, é entender a lei de dar e receber tão importante para vivermos em sociedade. Precisamos aprender a aceitar. A verdade é que o mundo não gira ao nosso redor, com ou sem você, o mundo estará continuamente em evolução, é preciso aceitar todas as coisas que não podemos mudar.

Há momentos na vida que é preciso saber o que dizer e quando devemos nos calar, isso vai evitar um caminhão de frustrações, sem contar que existe a maneira e o momento certo para isso.

Por fim, devemos entender que não viemos ao mundo para disputar nada, a vida não é sobre ser o melhor ou o maior, nada disso, a vida é sobre equilíbrio, bom senso e respeito.

Com equilíbrio e respeito, aprendemos a colocar dentro de nossa mente e do nosso coração somente coisas boas, aprendemos a ouvir, a falar, dividir e compartilhar.

Aceitação é sobre respeitar, equilíbrio é sobre encontrar seu caminho em harmonia e ser quem você é. Nem tudo será do seu jeito ou no seu tempo, é preciso aprender a ter serenidade para distinguir as coisas que você pode mudar das que não pode e assim caminhar para uma vida mais feliz!

Saber o momento certo de mudar

A sabedoria se resume em separar o joio do trigo e poupar energia
Dr. Paulo Valzacchi

Sempre que falo sobre o processo de aceitação costumo lembrar de uma bela frase: "Deus, dê-me a serenidade necessária para eu aceitar as coisas que não posso modificar, coragem para modificar aquelas que posso e sabedoria para distinguir umas das outras."

Mas como colocar essa sabedoria em prática no seu dia a dia, nas ações de cada experiência que temos? Como alcançar essa serenidade?

Uma pessoa impulsiva, que decide tudo no ardor do momento, não é nada inteligente, aliás, ela só vai trazer mais complicações para sua vida, então, a solução é: busque por mais serenidade, sem explosões, procure ter mais controle do que fala e de como age. Escutar um pouco mais é interpretar a situação com mais calma, com tolerância e respeito; diga não a inflexibilidade.

A partir do momento que você entende o que pode e o que não pode mudar, um novo processo de aceitação se instala em sua vida. Procure se questionar, você pode mudar o comportamento do seu companheiro ou da sua companheira? A resposta é não, certo? Porém, se estamos unidos, temos a oportunidade de mostrar o nosso ponto de vista e ouvir o outro com respeito. Eu disse, respeito, uma das chaves para a relação a dois funcionar.

Agora reflita: você consegue mudar algum hábito em si mesmo? Conseguiria, se for o caso, parar de fumar? Existem muitas pessoas que fumam há décadas e não conseguem parar, mesmo já tendo feito "de tudo".

Desprender-se de um vício exige muita força de vontade, disciplina, motivação e apoio, mas vale o resultado final. Mudar um hábito ou até um comportamento exige calma, não cobre do outro aquilo que nem sempre conseguimos fazer.

Vamos ser claro e direto, têm coisas que dá para a gente mudar sim, mas somente aquilo que depende de nós, o que depende dos outros nem sempre temos o controle, essa é a verdade.

Então pense, posso mudar algo em mim? Posso mudar meu momento? Posso mudar minha vida? Para todas essas perguntas a resposta é SIM. Agora reflita, eu posso mudar o outro? A resposta é e sempre será um redondo NÃO. Uma pessoa só pode ser mudada se ela mesma quiser. Então entenda, existe algo que se chama permissão, essa é a abertura para mudar a sua vida e só então poder contribuir com a mudança na vida do outro; apenas isso, contribuir!

Caso não haja permissão, temos de eliminar todo o desculpismo da nossa vida. Isso não ajuda em nada, pare de dar desculpas e comece a se autorresponsabilizar pelos seus atos, chega de negação, têm coisas que precisam mudar em sua vida e isso precisa partir de você. Não fique aí esperando cair do céu, você tem de par o primeiro passo; faça acontecer.

Espero que tenha ficado mais claro que precisamos ter sabedoria para saber o que dá e o que não dá para mudar, com boas estratégias, nós conseguimos verdadeiros milagres.

Se a sua vida for regada de pequenas mudanças feitas nos momentos certos, isso vai impactar a vida de outras pessoas, é só uma questão de tempo.

O significado da vida

> Não dê apenas sentido, dê significado.
>
> *Dr. Paulo Valzacchi*

Será que é possível viver sem um propósito, sem motivação ou sem um significado de vida?

Talvez sim, muitas vezes a sobrevivência já é um ponto de partida, mas se pudermos cada vez mais dar significado a nossa existência, aflorando nossos sonhos, a vida pode ser melhor.

Faça um teste para verificar e avaliar se você está dando significado a sua vida, são seis perguntas, cujas respostas vai permitir que você mesmo realize a sua interpretação final:

1. Você gasta muito tempo com coisas que não lhe trazem nada?
2. Tem o hábito de sempre falar palavras negativas?
3. Alimenta a sua mente de coisas boas?
4. Reclama de tudo que acontece em sua vida?
5. Costuma fazer planos para o futuro ou deixa que a vida o conduza?
6. Está vivendo a vida que gosta?

Essas simples perguntas vão mostrar o quanto você está comprometido com a sua vida, com as suas responsabilidades diárias. A energia ou a força de vontade necessárias para fazer planos para um futuro não muito distante facilita o processo de organização da sua vida. Saber aonde se quer ir é mais inteligente do que apenas se deixar levar pelas circunstâncias.

Você pode levar uma vida na qual tenta buscar o melhor dela, ou pode não se importar se a desperdiça ou não. Seus dias podem ser passados apenas olhando para as nuvens, sonhando com algo melhor, sem fazer nada para realizar seus sonhos. Ou você pode ousar se importar e quebrar a rotina em que agora se encontra.

Isso é simples de entender, muito tempo na frente da televisão, ligado em intermináveis jornais televisivos ou a programas que trazem insegurança e medo, a falta de boa leitura e de hábitos construtivos, isso tudo endurece seu cérebro, a mente cristaliza e o lixo mental se acumula. Aprender e expandir sua mente é o que irá ajudá-lo a resolver muitas situações difíceis em sua vida, fará com que você cresça como ser humano, e assim, fique mais motivado para alcançar seus objetivos.

Reclamar é desperdício de tempo e de vida, nada fluirá se você tende apenas a gastar sua energia com algo inútil. Existem dois tipos de reclamação: a ativa e a passiva. A ativa é aquela que reconhecemos pontos e estruturas a serem modificados e nos propomos a agir e a participar das mudanças. A passiva é quando o indivíduo reclama exaustivamente, mas não busca soluções ou ações.

Pare de viver como um robô, que faz tudo automaticamente e depois sai novamente para repetir o mesmo erro no dia seguinte. Você é um ser humano que respira, tem ideias e sonhos para realizar! Então, viva!

Dê o primeiro passo. Agora!

Seja qual for seu desejo, não continue desperdiçando a sua vida, porque ela é a coisa mais valiosa que você possui.

Rotina, a vilã silenciosa

> O tempo de fazer é agora.
> *Dr. Paulo Valzacchi*

FREQUENTEMENTE OUÇO AS SEGUINTES perguntas em meu consultório: "o que posso fazer para melhorar a vida que estou levando agora? O que fazer para que algo de novo aconteça? Como podemos sair da rotina sem termos que fazer nada mirabolante?"

Essas são questões antigas, eu as escuto há décadas e a resposta é bem simples.

Quando está tudo uma mesmice, quando nada de novo acontece, estamos travados, parados, empacados, isso significa que a inércia tomou conta de nossas vidas e a nossa teimosia de querer que tudo aconteça por si só nos impede de aprender e fazer algo novo.

Se tudo está assim, significa que eu não estou empreendendo novas ações. Sou eu o responsável pelo movimento que a minha vida tem.

Acontece que muitas pessoas não conseguem ver que o que elas acreditam ser ações para uma vida sem rotina, acabam sendo a própria rotina.

Uma ação nova exige que pensemos de maneira nova, é preciso deixar de cultuar o que é velho, o que já sabemos, e tomar novos rumos.

O Universo é uma constante movimentação, se eu penso sempre da mesma forma, o meu movimento mental será sempre o mesmo, e minhas atitudes também. Se surge uma insatisfação, então eu começo a tomar consciência de que algo precisa ser feito de diferente, mas como? O que fazer?

Estar insatisfeito pode ser um alerta positivo desde que você faça algo. Ficar reclamando, mas não fazer nada para mudar, não vai adiantar, é puro desperdício de energia.

Insatisfação é entender que algo precisa ser feito, é um sinal de que a vida está pedindo movimento. Vá atrás da mudança. Procure um novo modelo, dê um novo sentido para sua vida. Criar uma nova percepção fará você abrir os olhos e pensar de maneira diferente.

Observe como está o seu relacionamento, o seu trabalho, os seus estudos. Será que a rotina se instalou? Então faça algo para quebrar esse padrão e oxigenar sua vida. Se tudo estacionou, busque coisas novas, nada vai cair do céu, não espere, faça, saia da zona de conforto e crie coragem para os novos desafios. Não deixe para amanhã, dê o primeiro passo agora.

Uma dica para dar início a essa mudança é ficar atento aos pequenos detalhes. Mude de calçada ao ir trabalhar. Mude o restaurante que costuma frequentar, mude o canal de televisão, mude!

Até mesmo na hora de dormir ou de acordar você pode começar a mudança. Experimente um sabor diferente, preste atenção na letra da música ao invés de somente ouvi-la. Mande uma carta, sim, isso mesmo, escreva uma carta a alguém que você ama, já imaginou a surpresa da pessoa ao recebê-la? Quanto assunto isso pode render, não é mesmo? Jogue videogame com seus filhos, ou vá a uma festa com a sua filha adolescente. Tome um banho gelado, sente no chão, ande descalço.

Abra-se para o novo!

Saia da rotina e viva uma vida repleta de novidades!!!

Inflexibilidade

> A inflexibilidade é uma propriedade
> não somente dos corpos, mas da mente sábia.
>
> *Dr. Paulo Valzacchi*

Querer ter razão em tudo sempre foi e vai continuar sendo uma das maiores falhas do nosso ego. Mas, na realidade, será que alguém vai "sempre" ter razão?

A razão é algo muito relativo. Não se trata exatamente de tê-la, mas de querer ser sempre o centro da questão. O fundamento básico não é saber quem tem razão, mas o apego por acreditar excessivamente nisso.

Hoje percebo que cada um tem a sua razão e que o ponto de vista de cada pessoa deve ser respeitado. Isso é saudável, pois faz com que reflitamos em nossas próprias atitudes. Quando somos capazes de respeitar a opinião do outro, passamos a nos enxergar como seres humanos falhos, entendemos que podemos errar e que isso está tudo bem.

Ser inflexível pode nos trazer muitos problemas, podemos nos agarrar a algo "com unhas e dentes" mas esse apego vai causar tremendos estragos. Às vezes nos mantemos na razão por puro orgulho, por teimosia mesmo, não damos o braço a torcer, achamos que tudo tem de ser do nosso jeito.

Essa inflexibilidade tem duras consequências. Pessoas que sempre querem ter razão em tudo se tornam críticas, inflexivas, duras e em geral são orgulhosas, egoístas, além de cegas, é claro.

No casamento, por exemplo, essa dose de inflexibilidade pode criar desamor, porque rompe os laços de respeito e castra os limites do outro, acabando por minar as forças dos elos e da união. Ninguém quer ter um relacionamento assim, duro, rígido, com o outro sendo sempre mandão ou que acredite ter razão em tudo e não dá margem para diálogos sadios.

O mesmo acontece no trabalho, todo mundo se afasta de pessoas autoritárias, pois esse tipo de comportamento elimina a boa comunicação. No final, a pessoa briga com ela mesma, pois acaba isolando-se e terá obrigatoriamente que conviver consigo mesmo.

Mas como mudar esses comportamentos "raiz"?

O que devemos entender é que temos todo direito a ter a nossa opinião, isso é sensato, o que não pode é querer ter direito sobre o que as outras pessoas pensam, como se comportam ou mesmo como elas se sentem. Cada um tem seu modo de pensar e é uma agressão impor aquilo que você acredita em detrimento do que o outro acredita.

É aí que entra o fator chave que pode mudar tudo, o respeito.

Respeitar o pensamento, as ideias e as crenças do outro é o princípio de tudo, não tem problema ser diferente, o que precisa é acolher o que o outro pensa e respeitar isso, e vice-versa, aqui a mão é dupla, isso elimina o braço de ferro de qualquer relação e pode ser integrado a tudo, os resultados são expressivos, o fundamento é livrar-se das características brutas e cristalizadoras e integrar-se à flexibilidade e à aceitação.

Respeitar essa conduta melhora as relações, pois tem o poder de acolher diferenças, dar abertura a novas ideias e criar empatia; o jogo aqui passa a ser ganha-ganha.

Sempre escuto a seguinte frase quando a inflexibilidade está presente: "mas ele nem me ouve". Nessas ocasiões eu costumo fazer a pessoa enxergar a sua própria inflexibilidade, será que o outro realmente não ouve ou é você que não quer ouvir? Toda história tem dois lados, muitas vezes ficamos cegos diante de uma situação e não conseguimos entender que, na ânsia de querer nos fazer ouvir, falamos demais. Será que não tem um braço de ferro acontecendo nesse momento?

Hoje, nada de ficar brigando para ver quem tem razão, não seja inflexível, no fundo cada um de nós tem apenas um punhado de razão, que com o tempo pode mudar.

A mente sábia já aprendeu a ser flexível.

Dê uma chance a si mesmo

> Um problema é uma chance para você fazer o seu melhor.
> *Duke Ellington*

DAR UMA SEGUNDA CHANCE às pessoas é outro desafio que devemos enfrentar. Isso se aplica ao outro e a si mesmo. Somos eternos julgadores, culpamos os outros pelas nossas insatisfações e pelas expectativas mal cumpridas. No entanto, temos o hábito de nos culpar por algo que estava fora do nosso alcance de resolver; existe um juiz crítico e duro demais dentro de cada um de nós.

Muitas vezes não nos damos a chance de recomeçar e então nos agredimos, perdemos o nosso valor, criamos situações complexas e desculpas mirabolantes que nos impede de dizer SIM para vida. A renovação é necessária quando queremos mudar, mas quase sempre ofertamos a nossa vida um sonoro NÃO de presente.

Estamos condicionados a conviver com nossas amarras, nos habituamos aos nós ou correntes que mantemos com algumas pessoas, por puro apego e outros comportamentos que somente faz com que nos sintamos péssimos, que insiste em nos mostrar o lado mais obscuro e imaturo que temos. Se dê uma chance, saia desse círculo vicioso de sentimentos.

Há momentos em que não nos damos nem a chance de conhecer outras possibilidades, acreditamos fielmente que existe apenas um mundo, o nosso, cheio de regras duras e de cobranças que promovem apenas situações embaraçosas. Mude isso. Permita-se.

Sempre quando falo em minhas palestras sobre se dar uma chance eu uso uma palavra incrível que resume tudo o que acontece em nossa vida: PERMISSÃO. Esta palavra é mágica.

O sofrimento é uma permissão. Se você está sofrendo é porque se permitiu estar no caminho oposto ao da sua felicidade, no contra fluxo.

Permitimos que pessoas entrem em nossa vida, permitimos a escassez, a ausência, a ilusão, a dor. Mas também podemos e devemos permitir a alegria, a lucidez, o amor, tudo é uma questão de permissão.

Então, por que não se dar uma chance? Permita-se amar! E tão importante quanto, permita-se ser amado. Livre-se das amarras da desesperança e permita-se.

Muitas pessoas acabam desistindo da vida por ter cometido erros no passado, mas é possível reverter isso. O passado não precisa ser um peso irremediável em sua vida. Limpe suas memórias, faça um curso de autoconhecimento, pratique Ho'oponopono, faça terapia, mas não desista. Olhe ao seu redor, certamente alguma coisa vai lhe inspirar a querer uma segunda chance.

Na vida não há culpados, inocentes ou algozes, tudo são escolhas, tudo é permissão.

Hoje, permita-se dar uma nova chance a si mesmo, saia um pouco da rotina, escolha algo novo para fazer. Invista em você, olhe as pessoas com outros olhos, a vida é um sopro, pare de brigar consigo mesmo e com os outros, não lute com a sua existência, permita-se ser feliz e a fazer os outros felizes, olhe tudo de um ponto de vista diferente.

As vezes o que precisamos na vida é apenas de duas chances, uma para os outros, outra para nós mesmos. Deixe de lado as cobranças, os medos, a ansiedade, aprenda mais sobre amor, perdão, gratidão e permita-se realmente viver.

Não se cobre tanto

A rigidez é boa na pedra, não no ser humano. A ele cabe a firmeza.
Gurdjieff

A AUTOCOBRANÇA ESTÁ INTIMAMENTE LIGADA ao pensamento anterior. Quando nos cobramos demais temos dificuldade de nos dar uma nova chance. Buscamos a perfeição em tudo o que fazemos e vivemos frustrados, pois não há perfeição na vida. Temos e devemos fazer o melhor que pudermos dentro daquilo que somos capazes e, é claro, procurar nos capacitar para aquilo que não nos sentimos aptos a fazer.

Você é uma pessoa que se cobra muito? De 1 a 10 qual é o seu nível de cobrança? Quais são os benefícios que a autocobrança traz para a sua vida?

Na realidade, cobrar-se demais pode não trazer nenhum tipo de ajuda para sua vida, muito pelo contrário, parece mais uma punição.

A autocobrança normalmente vem da educação que recebemos, são as exigências dos nossos pais, ou mesmo de um sistema competidor, que nos coloca em confronto primeiro com nossos irmãos, depois com nossos amiguinhos, tanto os do nosso meio quanto os da escola, passando para as competições no esporte e no trabalho e, por fim, levando-nos a agir dessa maneira até nos nossos relacionamentos amorosos. Isso tudo com uma única finalidade: ser aceito.

A princípio pode parecer estranho, mas efetivamente esse é um dos fatores mais comuns; cobrarmos demais a nós mesmos para sermos os melhores, para sermos aceitos, admirados, para passarmos confiança, respeito e claro, a tal da perfeição.

Eu sei que nem todo mundo é assim, têm pessoas que são o oposto, mas se você respondeu que é uma pessoa que se cobra muito, então é preciso refletir aonde tudo isso poderá levá-lo.

A autocobrança exagerada acaba com sua autoestima, diminui a quantidade de NÃOs que você dá ao mundo, exige demais de si mesmo e, no fim, você vai perceber que o mundo não retribuiu à altura.

O maior problema ainda está por vir, se você se cobra muito, esse comportamento duro estará presente no seu sistema familiar, seus filhos receberão essa pressão e sentirão a sua ansiedade; no seu trabalho, você pode ser aquela pessoa "chata" que ninguém aguenta ou no dia a dia, aquele amigo nem consegue ser ouvido, pois você está mais preocupado em ser perfeito. Sem contar no relacionamento amoroso, de tão perfeito que você quer ser, acaba por ser omisso com a simplicidade, perdendo, assim, os melhores momentos da relação.

A dica de hoje é dizer para sua vida que perfeição não existe, somos seres imperfeitos e continuaremos sendo assim. Podemos melhorar sim, então, comece a respirar mais e a ter um pouco mais de flexibilidade, pois ao continuar com esse padrão dores de cabeça, nas costas e até mesmo uma doença pode lhe acometer. Chegará um dia que as amizades serão rompidas, seus relacionamentos não darão certos e você se sentirá sozinho.

Respire fundo, relaxe, nada de se cobrar tanto, a vida passa rápido demais, tão rápido que vai perceber que a sua rigidez não lhe trouxe nenhum benefício, que você nadou na superfície e esqueceu de mergulhar lá no fundo, no fundo da sua alma.

Então, seja mais flexível, pare de se cobrar. Procure a leveza do seu ser, seja leve por alguns minutos, experimente, solte seu corpo, sinta a suavidade de seus pensamentos, isso tem um tremendo valor.

Todo bloqueio começa na mente, é hora de colocar tudo para fora, faça uma tremenda faxina em sua casa mental, não guarde nada, desabafe, grite, corra, tire a pressão de dentro de si, é hora da mudança!

Mente aberta, garantia de sucesso

> Abrir a mente é deixar a porta aberta para as possibilidades.
> *Dr. Paulo Valzacchi*

TODO SUCESSO ADQUIRIDO na vida começa com um pensamento. Nossa mente é responsável tanto pelos nossos fracassos quanto por nossas vitórias.

Acreditar que na sua vida tudo dá errado, que tudo de ruim acontece com você e sempre esperar pelo pior não vai melhorar em nada o seu dia a dia.

Qual será a diferença entre esperar o melhor e o pior?

Muitos acham que esperar pelo melhor, e ele não vir, vai trazer decepção, não sabem lidar com toda essa expectativa, preferem esperar pelo pior e pronto, o que vir a partir disso é lucro.

O que essas pessoas não entendem, é que esperar o pior é o mesmo que atrair o pior. Você atrai aquilo que emite, portanto, quando a pessoa se conforma em receber a pior parte de uma situação, ela está emitindo que isso é o suficiente. O Universo não sabe diferenciar, ele capta a sua vibração.

Hoje eu vejo que as pessoas não acreditam que merecem o melhor. Elas desacreditam que são merecedoras. Mas se você está fazendo o seu melhor, está emitindo coisas boas, pode ter a certeza de que o resultado vem, pode ser que as respostas não sejam para agora, mas elas vão chegar no tempo certo.

Mesmo quando tudo parece estar dando errado, se você tiver uma mente positiva e aprender a olhar sempre pelo lado bom da vida, o bom vem, acredite!

Eu aprendi que na nossa frente tem sempre os dois lados, as coisas boas e as coisas ruins, se estamos focados nas ruins, a gente não consegue ver as boas, afinal seus olhos estão lá, voltados para o fracasso. Comece a abrir seus olhos, faça um teste, diga que algo de muito bom vai acontecer na sua vida. Pare, respire e apenas olhe, o bom já está lá, o que vai acontecer é algo com o seu modo de ver as coisas. Abra a sua mente, essa atitude vai expandir a sua percepção e o seu coração também, é isso que a sua energia vai atrair.

Se você está desanimado, desesperado e sua energia está baixa, o que vai atrair vai ser energias da mesma frequência. Pense nisso.

Observe, porém, que têm coisas boas que podem estar disfarçadas de ruins. Rotulamos muitas circunstâncias em nossa vida como ruins, mas esses momentos podem nos levar a um caminho positivo; é o que eu chamo de caminho velado, tire o véu da ignorância e veja o outro lado.

O que precisamos entender é que nada que fizermos com negatividade pode atrair coisas boas, mas fatores cotidianos, que às vezes parece ser o fim do mundo, podem ser um caminho para recebermos coisas boas.

Imagine-se tomando um café forte e amargo, aquele café que não dá nem para saborear para quem não está acostumado. A bebida está aí, na sua xícara, mas você olha e idealiza um chá, por exemplo, doce e saboroso, que vai lhe trazer um sentimento mais acolhedor. E então eu lhe pergunto, "será que dá para colocar o chá neste exato momento nesta xícara? Mas é claro que não, ela está com o café, não é mesmo? E amargo! E o que é preciso fazer então?

É simples. É só jogar fora o café, lavar a xícara e abrir espaço para o chá, ou adoçar o café. Jogue fora todo amargo da sua vida ou adoce-a com atitudes positivas.

Hoje minha dica: abra a sua mente, esvazie sua xícara, deixe ir o que não quer, diga "eu mereço o melhor", plante a semente do que é bom e perceba que o melhor está por vir, assim o Universo vai colocar em sua xícara somente coisas boas.

Esteja aberto para as novas experiências, para o novo, para o positivo.

Descubra a melhor maneira de encarar o mundo

> Cada dúvida, cada dificuldade, cada paradoxo que enfrentamos se torna uma abertura para a sabedoria, para a luz e para as bênçãos.
>
> *Rav Ashlag*

Sorte ou azar, muitas pessoas regem suas vidas com base nessas duas palavras. Quando algo em sua vida está mal, a desculpa encontrada é: "a culpa é do azar"; e quando a experiência ocorre de forma positiva, é atribuído o benefício à sorte, e assim, não se valoriza o que faz. Considere que sorte e azar são para jogos, apenas isso, o resto depende exclusivamente de suas ações, decisões e escolhas.

Se você encontrar alguém de sucesso na vida e disser a essa pessoa que ela teve muita sorte, pode ter certeza, ela vai lhe contar uma história de estratégia, planejamento e superação, e então, você vai compreender melhor que a vida não depende de sorte, mas, sim, da nossa dedicação. Ter uma renovada visão das oportunidades, de como saber agradecer, viver e se fortalecer de forma inteligente é um belo jeito de encarar o mundo.

Algumas histórias de vida podem exemplificar o que estou dizendo. Ruth teve um tremendo azar no seu casamento, aliás em seus casamentos, ela se divorciou três vezes e ainda não conseguiu se encontrar nesse tipo de relacionamento. Agora, cá para nós, você acha que é azar ou ela está repetindo padrões?

Lúcio nem levanta mais da cama, a desculpa é que ele tem um azar tremendo para procurar emprego, já foi demitido quatro vezes e diz que todos os patrões que teve eram exigentes demais. Será mesmo que ele tem azar na vida, ou será que ele ainda não aprendeu algumas coisas importantes em relação a deveres e direitos?

Já a Ligia está cheia de dívidas, ela diz que é muito azarada, que até entra dinheiro em sua vida, mas que sai tudo muito rapidamente, não dá nem tempo de se programar. E então Ligia me confidenciou que dentro do seu guarda-roupa tem cinquenta pares de sapatos, diante disso eu pergunto: por que será que ela tem tantas dívidas? Mas a moça insiste na desculpa de que não tem sorte e de que não é capaz de mudar absolutamente nada em relação às suas despesas, quem sabe até o final do ano ela tenha sapatos suficientes para duas centopeias, não é mesmo?

Ricardo abriu três empresas nos últimos cinco anos, todas fecharam, na quarta, é claro, o pesadelo se repetiu, ou seja, mais uma empresa fechada para seu curriculum profissional. O empresário diz que fez tudo na hora errada, que o país estava em crise e que teve muito azar. Vendo bem de perto toda a anatomia da sua situação, não me restam dúvidas: Ricardo tem um perfil de trabalhador, não de empresário, falta muita coisa para ele chegar lá, mas ele não tem essa visão.

Mas espere, Cleonice passou no vestibular, ela está com um largo sorriso no rosto e diz que teve uma sorte incrível. Acho que ela precisa trabalhar um pouco mais sua autoestima, afinal, onde fica a sua dedicação?

Pedro ganhou na loteria, aliás é o único que eu conheço em mais de 50 anos de vida que ganhou esse prêmio. Ele olhou para mim e disse, "eu tenho uma sorte danada", bem, nesse caso eu acredito fielmente que sim, apesar de que ele se predispôs a fazer a aposta, só espero que ele saiba investir bem o seu dinheiro, o que não requer sorte, mas bom senso.

Quem fala que é azarado é porque está despreparado e, é claro, adora colocar desculpas por não ter se preparado.

Eu nunca consegui nada na vida por sorte, mas também nunca perdi nada por azar, o que consegui foi por mérito e o que perdi foi por falta de conhecimento, essa é a mais pura verdade.

Hoje eu criei um filtro para me ajudar a viver melhor, se vou fazer algo, preciso me planejar, preciso me organizar e criar um projeto. E se esse plano ficar somente em minha cabeça, pode ter certeza de que ele será falho. Aprendi a colocar tudo no papel, desde uma simples compra no supermercado até o lançamento deste livro. Depois, passo a ideia por três peneiras, vou dar um exemplo: eu quero abrir uma empresa, então vou falar com três pessoas. Primeiro vou falar com alguém que deu certo, aquela pessoa que muita gente diz ser sortuda, e vou aprender com ela. Depois vou conversar com aquele que deu errado, com aquela pessoa que se diz azarada, e assim, também aprendo com ela a não cometer os mesmos erros. Por fim, vou procurar uma pessoa sábia, que acredita em sucesso, em oportunidades e que seja criativa, inteligente e possa me ajudar a chegar ao resultado que quero.

Essa é a minha maneira de encarar o mundo, cada um tem a sua, escolha seu caminho, faça o seu movimento, o que vai contribuir para o seu sucesso é ter menos desculpas, mais conhecimento, menos azar e mais atitude.

Medos e inseguranças: nossos bloqueadores

> A ousadia leva ao êxito.
> *Provérbio Judeu*

UM DOS RELATOS MAIS COMUNS que tenho visto nos últimos anos é em relação aos medos das pessoas. Medos que paralisam, que não permitem que a pessoa se arrisque. Medo de sorrir, de ser alegre simplesmente, de crescer, de ser e ter o melhor.

Quais são os seus medos? Quais são as suas inseguranças?

Muitas pessoas chegam ao meu consultório com a certeza de que podem e sabem como proceder na vida, mas não conseguem fazer nada, sentem-se paralisadas.

Mas será que existe algo que se possa fazer quanto a isso?

Já li centenas de livros sobre medos, incertezas e inseguranças, temos inclusive treinamentos mentais para superar medos ilusórios, sabotadores e até o pânico.

Há uma frase que diz mais ou menos assim "Não tenha medo de seus medos. Eles não estão aí para assustar, mas, sim, para fazer você saber que algo vale a pena".

Quando vi essa frase, que nem sei ao certo o seu autor, eu comecei a realizar uma busca desenfreada sobre o quanto o medo nos impede de agir e acabei me deparando com uma incrível verdade: há milhares de anos o medo era nossa emoção básica, era um termômetro que nos mantinha vivos. Graças a ele, a espécie humana sobreviveu, evoluiu e se perpetuou. O medo nos levava a um julgamento imprescindível: correr ou lutar. É a partir dessa escolha que eu defino a minha sobrevivência.

Hoje, os desafios que assolam a nossa sobrevivência são outros e, por mais difícil que seja acreditar, eles são muito mais brandos. Com essa mudança de paradigmas a mente começa a usar o medo como um sistema de imaginação.

De um modo geral, a mente usa o medo para nos controlar. Esse tipo de controle nos leva diretamente à zona de conforto e à paralisia, parece que se você não crescer, a mente e, principalmente, o ego ficam felizes. Numa linguagem bem superficial o ego pensa assim: "enquanto você for ignorante eu posso lhe controlar, ao se tornar inteligente, você se torna um risco.

A grande sacada dessa observação é simples, sabe aquilo que você quer fazer, quer realizar, mas o medo não permite? Isso tem um motivo. Quando fazemos algo para crescer, para melhorar nossa vida e buscamos mais conhecimento, tornamo-nos menos controlável, coisas certas começam a acontecer e nos liberta das amarras do medo e da insegurança. Esse é o caminho; o medo está sempre agindo para nos negar isso.

Se você quer realmente fazer algo para desbloquear seus medos e inseguranças, tomar coragem para enfrentá-los pode ser o seu melhor caminho. Seja apenas sensato, rompa a força do medo, procure a zona do aprendizado, aprenda um pouco mais sobre o que vai fazer e se lance ao incrível momento da superação. O melhor está por vir se você despertar.

A fórmula para vencer o medo é uma só: enfrentar o medo!

Não se acostume com o que pode não dar certo

> Quem deita no chão não cai.
> *Provérbio Judeu*

RESILIÊNCIA, uma palavra que tem sido recentemente muito destacada no cenário das terapias de autoconhecimento. Mas por que precisamos tanto ser resilientes?

Procure entender, temos de ter a capacidade de nos recuperarmos facilmente e de nos adaptarmos às mudanças. Não podemos nos acostumar com aquilo que pode não dar certo.

Muita gente começa assim seus diálogos, internos e externos: "Será que acreditar que vai dar certo ajuda mesmo?", "Será que não é melhor esperar para ver se algumas situações vão dar certo ou não?", "Será que se tudo está dando errado, significa que as coisas ainda não amadureceram suficientemente para dar certo?", "Será que tudo dá errado só comigo?".

Será, será, será, no meio de tantas incertezas, nessa tempestade de dúvidas eu lhe pergunto: "O que fazer?"

Esses questionamentos são comuns, afinal, duvidar ou pensar que estamos errados faz parte da nossa natureza. Mas o que será que você está fazendo de errado? Ou melhor, o que você não está fazendo para dar certo? E agora eu é que pergunto: "Será que é por isso que as coisas não estão funcionando?

A primeira coisa a ser feita é: respire! Eu sempre digo isso, pois respirar permite que a tensão se dissolva, ou pelo menos uma boa parte dela; na tensão você somente cria pensamentos destrutivos. Respire, solte a pressão, deixe ir. Mesmo que você não ache isso fácil... tente, recomece, respire de forma simples, calma e lentamente. Não se cobre, deixe que o fluxo da respiração lhe conduza. Procure aprender mais sobre técnicas de respiração, você vai ver a importância que isso tem na sua vida.

O segundo passo é se organizar. Já dizia a máxima "mente desorganizada é oficina do diabo", pois é na desorganização que caímos no labirinto do desespero e, uma vez dentro dele, levamos muito tempo para descobrir a saída.

Para finalizar, o terceiro passo é: se está dando errado, não siga mais por esse caminho, não se acostume com o que não está dando certo, isso é uma sugestão inteligente, simples, básica e funcional.

Se você está sofrendo, pare, não dê mais nenhum passo. Reflita sobre o que está causando todo esse sofrimento e procure reverter a situação, e se não der, peça ajude, mas pare!

Raiva, mágoa, tristeza: pare, não é por aí, mude o caminho. Mude a direção. O sofrimento sempre aponta um caminho pelo qual você não necessariamente precisa seguir, é como um termômetro: se der febre, reaja.

A febre pode ser pequena, média ou grande, o mesmo acontece com o sofrimento. Se você está sofrendo, então pare e tente ver as coisas de forma clara. Quando estamos em estado febril, é por que o corpo está gritando, está lhe dando um alerta de que algo está errado. O mesmo vale para nossa vida, então, mude o rumo.

Quando nada dá certo é por que estamos fechados, cegos para alguns sinais. Perceba que existem placas à nossa frente, você apenas não deve estar enxergando-as, lembre-se: o problema não são os sinais, o problema são os seus olhos ou a sua interpretação.

Muita gente vai bater nas suas costas e dizer, "siga, vai dar certo", mas cuidado com esse tipo de pessoa, nem sempre as coisas funcionam assim, precisamos nós mesmos ter as ferramentas certas em mãos para fazer as coisas "darem certo", porém, poucos vão dizer quais são esses instrumentos.

Nem sempre temos a resposta para tudo, o caminho é diferente para cada um de nós, para cada situação temos de buscar sempre o melhor caminho, e isso não significa que será o mais fácil.

Lembre-se sempre: não se acostume com aquilo que não lhe faz bem. Use o amor, a gratidão e o perdão como forma de mudanças, esses são os sinais que não podemos perder de vista.

O assalto negativo

> Somos o que pensamos.
> Tudo o que somos surge com nossos pensamentos.
> Com nossos pensamentos, fazemos o nosso mundo.
> *Buda*

A MENTE HUMANA foi naturalmente condicionada a ter pensamentos negativos. Fomos assaltados por uma sociedade que não aprendeu a viver somente com alegrias e boas realizações.

Civilizações antigas, que hoje nem são mais faladas, tiveram essa experiência e funcionou muito bem, até que outras fossem lá e usurpassem toda aquela felicidade em troca de poder.

Isso ainda acontece nos dias de hoje, quando as pessoas se dão conta de que estamos em uma fase positiva da vida, são poucos os que nos apoiam, sempre vai ter aquele que nos assalta a felicidade, talvez até de maneira não intencional, pelo simples fato de que aquela pessoa não aprendeu a ser feliz.

Pensamentos que dizem que você não merece, que não pode, que não vai dar certo, que não é para você, que não vai conseguir são provenientes da influência que temos durante a nossa formação. Muitas vezes até de nossos pais, o que hoje devemos entender é que eles não conheciam uma maneira diferente de educar; eles também aprenderam assim.

Esses e muitos outros pensamentos são mais comuns do que você imagina e tendem a serem sabotadores. Roubam as nossas forças, a nossa energia e travam o nosso caminho; o caminho da nossa existência, fazendo com que não tenhamos coragem de persistir e, consequentemente, de vencer.

São pensamentos distorcidos, quase primitivos, cuja raízes são o medo. Perceba que atrás de cada pensamento negativo tem muita coisa, mas o medo é uma das emoções que mais está presente; ele é limitante.

Procure mudar esses pensamentos, tente chegar até eles e olhá-los de frente, encare esse ladrão de sonhos e vença-o, não permita que ele esteja no controle e destrua a sua vida.

Eu costumo propor uma brincadeira saudável e terapêutica a meus alunos. O exercício consiste em encontrarmos os nossos pensamentos negativos, bloqueá-los e mudar o seu padrão.

É a técnica do elástico, já relatada anteriormente aqui neste livro, mas que agora peço que você pare e conheça mais sobre ela pelo link de acesso, é simples, basta copiar o link no seu navegador e ver como a técnica funciona: https://youtu.be/8vQL2H-mX5k

A ideia não é simplesmente ignorar os pensamentos negativos, mas confrontá-los.

Pensamentos assim possuem uma estratégia muito convincente, que minam as nossas forças. O medo é um sistema de autossabotagem poderoso, conhecendo bem suas fronteiras, estratégias e armas é absolutamente certo que empreenderemos a boa luta, iremos ser mais inteligentes que ele.

Então, agora, vamos à luta, não se deixe ser assaltado por nenhum pensamento destrutivo, não deixe que o medo o domine, é hora de mostrar que você pode e vai enfrentar tudo aquilo que não lhe faz bem.

A vida é uma escola

> Quem tem um "porquê" enfrenta qualquer "como".
> *Viktor Frankl*

Quando crianças, uma das nossas responsabilidades como cidadãos é frequentar a escola. O esperado é que se aprenda a viver em sociedade. Além das lições que irão nos acompanhar por toda uma vida, é na escola que começam tanto os problemas que enfrentamos no futuro como as soluções que daremos a eles. Mas e a vida? Será que ela é mesmo uma escola?

Viktor Frankl dizia que "a melhor forma de conseguir a realização pessoal é nos dedicarmos a metas desinteressadas". Está aí uma grande verdade. Fornecer uma educação por meio de lições e promover uma formação com o intuito de formar cidadãos pode ser a função da escola, mas é da vida que tiramos os maiores aprendizados e, para isso, devemos estabelecer metas sim, mas de maneira desinteressada, sem a pressão que a sociedade exerce para que sejamos bem-sucedidos.

Tanto na escola como na vida temos professores, e os melhores são aqueles que "pegam no nosso pé", que exigem o máximo de cada um de nós. Esses querem que seus alunos cresçam, que vençam seus obstáculos. Precisamos saber identificar esses mestres, tanto na escola como fora dela. São nossos mestres que moldam o nosso caráter.

Em geral, quando dizemos que nossa vida está indo mal, somos nós que estamos focados em comportamentos destrutivos e desconexos. É a velha catastrofização, ou seja, tudo é catastrófico. Fique atento também ao conceito de generalização, não é verdade que se nada vai bem para você, o mundo todo vai mal. Essa é a famosa "tempestade em copo d'água".

Como na escola, a vida tem várias matérias, tem notas, tem provas e desafios. Alguma são as chamadas "provas de fogo", outras são as "provas surpresas", temos de estar preparados para o exame final, pois quem tem um "porquê" enfrenta qualquer "como".

No entanto, mais uma vez parafraseando a escola comum, na vida também temos a chance de fazer "recuperação", porém, se você teimar em ficar repetindo o mesmo erro, a lição não será aprendida e a recuperação será longa, até você aprender.

Quando paramos por alguns momentos e tentamos abandonar o velho modo de ver e de fazer as coisas, consideramos a existência de outras possibilidades, e então, o mundo se abre e seguimos em frente, transformados. Concentre a sua atenção naquilo que não sabe ainda, o desafio é aprender a resolver aquilo que é difícil.

Lembre-se: a colação de grau da vida é o sucesso, o senso de dever cumprido, a paz ou mesmo a consciência tranquila dentro de nós. A escola convencional e a vida em muito se assemelham, mas uma coisa é certa, sentar na carteira, olhar para o horizonte, pedir uma nota boa para o professor, sem nenhum esforço, não vai lhe trazer absolutamente nada. A vida exige sabedoria, envolvimento, aprendizado, tem suas horas de recreio sim, mas o que precisamos fazer é estar sempre abertos para aprender e, de forma tranquila e leve, chegar ao sucesso.

Para hoje, um bom aprendizado, boas escolhas e um bom caminho!

Onde você está colocando a sua atenção?

Makia – A energia flui para onde você dá atenção.
Pilar Huna – Havaiano

EXISTE NA FILOSOFIA HUNA HAVAIANA, uma extraordinária arte de pensar, um pilar importante que nos ensina algo extraordinário: onde colocamos a nossa atenção, tudo se revela.

Se eu coloco a minha atenção nos defeitos do outro, a crítica chega; nas qualidades do outro, o elogio desabrocha; na escassez, as dificuldades se tornam constantes; na busca de soluções para abundância, minha vida se enche delas; na falta de clientes, eles somem mais a cada dia; na forma de atrair clientes através do meu melhor, as coisas funcionam.

É bem assim mesmo, reflita, se eu não preciso alugar uma casa, poucas vezes verei uma placa de aluga-se, mas se amanhã resolvo me mudar, milhares de placas aparecem aos meus olhos.

Se o meu desejo é o de comprar um carro branco e esportivo, carros com essas características ofuscam meus olhos. Em contrapartida, se teimo em fofocar e criar dramas, só vou encontrar pessoas maldosas e dramáticas em meu caminho. Onde coloco atenção e me concentro melhor tudo simplesmente se revela, é como se fosse uma lupa, tudo cresce, aumenta e tem maior visibilidade.

Então eu pergunto, onde você está colocando a sua atenção?

Antes de responder procure me acompanhar. O cérebro é uma máquina maravilhosa, obviamente se você souber usá-lo. Então veja bem, se o cérebro está no modo inferno – eu não disse inverno, falei inferno mesmo –, desta forma a sua vida será um inferno, pois o foco dele está no negativo, nos problemas, nas sombras, nas dificuldades.

Mas se você virar a chave para o modo Céu, tudo mudará e soluções serão evidentes. Eu sei que é comum falar de Céu e de Inferno, mas como mudar a chave de um para o outro?

Com a gratidão, é claro! Não se convenceu? Então comece a agradecer por tudo e você verá que a chave naturalmente vai ser virada para o Céu.

Quando falo de Céu e Inferno aqui, estou mostrando não um lugar abaixo e outro acima de nós, mas, sim, o que está dentro e fora do nosso ser. É a nossa atenção que vai nos conduzir para um ou outro lugar.

Perdoar também faz parte do impulso que gira a chave. O perdão é a chave para a libertação; não há nada mais libertador do que perdoar.

Então, seja responsável por suas escolhas, coloque sua atenção naquilo que fará bem tanto para você quanto para os seus próximos, vire a chave mais uma vez.

Tenha paciência, seja leve, é preciso ter resignação com os outros para a chave permanecer na posição certa. Coloque sua atenção na fechadura.

Esqueça o que não vai dar certo, não dê atenção ao que você acha que não vai funcionar, isso só vai girar a chave para o lado errado.

No final, uma coisa é certa, tudo é uma questão de escolhas, Céu ou Inferno, onde você colocar a sua atenção será a sua decisão.

Impermanência

*A impermanência para muitos é um sinal de esperança,
para outros um sinal de nostalgia.*
Paulo Valzacchi

IMPERMANÊNCIA é um termo budista que diz que nada dura para sempre, que tudo é transitório, ou seja, que eu, você e todos nós partiremos daqui em algum momento. Essa é a experiência da vida, chegar, aprender, usufruir, compartilhar, agradecer, amar, perdoar e seguir.

Existe dentro de cada um de nós certa dificuldade de assimilar essa passagem, temos a convicção de que seremos eternos, mas no fundo sabemos que, em questão de matéria física, isso não vai acontecer. É uma dualidade até dolorosa saber, mas querer desconhecer. E está tudo bem pensar assim.

A vida realmente é um trem, entramos no vagão certo chamado por nós de sistema familiar, clã, grupo, tribo ou como quiserem nomear. Lá, estão as pessoas do nosso convívio, aquelas que involuntariamente temos de conviver, mas também aquelas que escolhemos para estar ao nosso lado. Esses são "os nossos", são as pessoas que compartilham conosco uma série de encontros e desencontros, dores e alegrias, ganhos e perdas.

Costumo brincar dizendo que toda família é louca, e é nessa loucura que vivemos, com atropelos, aprendizados e muito mais. Essa é a "nossa gente", somos todos iguais, um sistema de cópias, porém ao mesmo tempo tão diferentes. Cada um guarda a sua individualidade, quando nos damos conta de que um dos nossos está saindo do vagão, ficamos profundamente tristes, pois sentimos a perda. É uma parte de nós que se vai. E é a partir dessa constatação que refletimos sobre a brevidade, sobre nosso tempo aqui neste Planeta. Neste instante o nosso coração se abre, essa é a verdade.

Com o coração aberto, o ego não pode tocá-lo, então perdoamos e, às vezes, apenas processamos tudo de uma maneira melhor.

Um dos nossos vídeos mais sensíveis sobre o tema impermanência é o "Querida mamãe", cujo link deixarei no final desta mensagem. O vídeo retrata algo que acontece com muitas pessoas que guardam dentro de si a rejeição, o abandono, a vergonha e as injustiças. Reflete aqueles que guardam a dor bem ali, dentro do peito, aquela sensação de querer mais, de se sentir excluído.

O que você talvez não saiba é que, no fundo, entendendo ou não, todos nós pertencemos ao todo. É isso mesmo, nós pertencemos sim a algo maior, mas muitos de nós não têm essa sensação de pertencimento.

Temos que entender que veremos chegadas, e nos alegraremos, mas que também veremos partidas e, mesmo doendo, esse é o ciclo da vida, podemos até achar injusto, mas a vida ainda continua o seu fluxo e nele estaremos imersos.

No decorrer da vida podemos criar uma nova família, novas histórias surgirão e precisamos focar nosso amor nelas, sem nunca deixar de amar tudo que vivemos, pois aquilo de alguma forma fez crescer e chegar aonde estamos, basta agora ficar atento nos que estão chegando e não repetir os mesmos padrões lá de trás, apenas se envergar, honrar, agradecer e fazer melhor.

Saber deixar ir é compreender que seu destino maior não é com o que se foi, que aquilo foi uma passagem e que o importante agora é se permitir aos que estão chegando, eles merecem nos receber livres das correntes de dor que carregamos em nossa bagagem.

Então, hoje, assista o vídeo "Querida mamãe" e acrescente uma pitada de responsabilidade em sua vida. Tudo é transitório, solte suas amarras e agradeça pelo que viveu. Seja grato a quem lhe trouxe à vida, aos que chegaram nela e aos que partiram.

Solte um pouco essa corda tensa, respire, seja mais compassivo, compreensivo e amoroso consigo mesmo, com os outros e com os seus.

Acesse "Querida mamãe":
https://www.youtube.com/watch?v=DOKKULtWQ2w.

A mudança começa em você

> Quando não podemos mais mudar uma situação,
> somos desafiados a mudar a nós mesmos.
> *Viktor Frankl*

MUDAR É UM GRANDE DESAFIO que nos atinge dia a após dia. A mudança faz parte da humanidade, não somos frutos do passado, mas de uma constante mudança assumida e vivida com intensidade.

O princípio do "fechamento mental" são as suas próprias crenças. Se você acredita que está tudo errado, que nada funciona direito, que sua vida está um emaranhado só, pode ser que a sua falta de perspectiva esteja mandando um pedido de socorro por meios de mensagens sutis, tentando fazer com que você vislumbre possibilidades e fuja de uma total catastrofização ou generalização dos fatos.

Em situações assim, o primeiro passo é identificar em quais áreas da sua vida o caos está estabelecido.

Se você chegar à conclusão de que é em todas, então realmente temos um problema.

São várias as áreas atuantes em nossa vida: saúde, finanças, trabalho, família, relacionamentos, a parte espiritual, dentre outras. Se você está com problemas em várias delas, a ajuda é realmente necessária. E urgente!

Mas observe, será mesmo que tudo está uma dor de cabeça só em sua vida? Ou será que você está generalizando? O que você tem feito para reverter tudo isso?

Se a resposta for "eu já fiz de tudo" muito provavelmente você não está fazendo nada; a mudança tem que começar por você! Seu leque de possibilidades, que deveria ser imenso, pode estar completamente fechado. Você está precisando de clareza mental, precisa abrir os horizontes e ver as possibilidades, a famosa "luz no fim do túnel", precisa "sair da caverna", lá não é o seu o mundo real.

Imagine-se dentro de uma caverna, com tudo escuro. De repente você ouve barulho de carros, de pessoas, de pássaros, mas acredita que a caverna é o seu mundo. Porém o mundo está lá fora. Pois bem, é isso que acontece com a maioria das pessoas.

Saia da caverna! Se você não sair dessa escuridão vai acreditar fielmente que tudo está dando errado, que não pode fazer nada, que o mundo é velho, escuro e negativo. Comece a mudança!

Olhe em direção a luz, ela é o caminho; a luz é o sinal para você encontrar a saída.

Quando falo em "luz" estou dizendo para você eliminar as desculpas. Luz significa abrir sua mente, sair do comodismo, deixar o passado no passado, criar novas responsabilidades, fazer boas escolhas, tomar decisões sábias e aplicar a sua força para fazer algo diferente.

Traga amorosidade para sua existência, explore o mundo em que vive, desperte o seu melhor, ajude a si mesmo e aos outros. A vida é sim uma festa, aprenda a celebrar, torne-se uma pessoa positiva, receba os presentes que a vida dá, mas saiba dispor deles também; ganhar e perder é o mais profundo conceito de viver conscientemente.

Esse é meu convite hoje, saia da caverna, abandone a sombra, comece a mudança por você.

Para onde vai a sua energia?

> Você não pode confiar em seus olhos
> quando sua imaginação está fora de foco.
>
> *Mark Twain*

NOSSO CORPO É COMPOSTO DE ENERGIA, tudo no Universo é energia. Temos dentro de nós, além das moléculas que nos compõe, um fluxo enérgico que nos impulsiona. Quando esse fluxo está em baixa, nosso corpo sente e, consequentemente, toda uma cadeia energética fica abalada.

Você já parou um segundo e percebeu o quanto perdemos de energia no nosso dia a dia?

Mas o que será que suga a nossa energia diariamente? Será que é o trabalho? Bem, antes fosse. O que suga nossa energia é a preocupação, a imaginação e tudo o que não depende de nós.

Preocupar-se é antecipar as coisas que ainda nem aconteceram. Nosso cérebro funciona assim mesmo, ele tenta calcular riscos, mas quando chega ao ponto de ficar imaginando coisas, tudo se complica, as preocupações, unidas a uma série de imaginações sem sentido, acabam sugando toda a nossa energia.

Damos muita atenção as coisas imaginárias, o mais sensato é ir direto ao ponto e não ficar remoendo situações sem sentido. Veja alguns exemplos:

> Rogério está com um comportamento estranho, anda reservado, fechado, calado. Sua esposa começa a pensar nos motivos que ele teria para estar se comportando dessa maneira. Ela já está remoendo situações, imaginando o que poderia ter acontecido com ele. Com isso, ela começa a gastar energia em hipóteses sem sentido. No fim, Rogério só estava assim porque foi repreendido no trabalho, ele ficou envergonhado em falar com a sua companheira e daí foi criando toda uma atmosfera de dúvidas, ou seja, energia gasta à toa.

Marcia está com muita raiva, mas está reprimindo tudo dentro dela mesma. Seu companheiro só observa, calado. A esposa aguarda o momento de o marido perguntar o que ela tem. Marcia quer que ele saiba, precisa compartilhar, mas você sabe como são os homens, dentro da cabeça dele algo está apitando "o que foi que eu fiz para ela estar com raiva?". Na verdade, ele não fez nada, mas os dois estão assim, parados, travados, até que Marcia explode. Muita energia acumulada, muita imaginação e pouco diálogo.

Esses dois exemplos podem até parecer simplórios, mas isso acontece o tempo todo!

Procure saber o que está sugando sua energia, olhe ao redor e analise, será que pensamentos mirabolantes, dúvidas, incertezas, desconfianças não estão minando sua energia e a das pessoas do seu convívio?

Pare, não permita que esse redemoinho torturante de pensamentos tome conta da sua vida. Temos o velho hábito de querer controlar tudo a nossa volta, queremos controlar a vida do outro e basicamente a todo o Universo; se duvidar queremos até controlar as vontades divinas! Gastamos muita energia fazendo tudo isso.

Precisamos entender que existem coisas que estão sim sob o nosso controle e que podemos alterá-las, melhorá-las e até modificá-las, mas existem uma infinidade de outras que dependem de terceiros, nem sempre podemos resolver tudo. Vou dar alguns exemplos:

O ritmo que você está acostumada é dinâmico, rápido, já o do seu companheiro é lento e comedido, ambos estão em velocidades diferentes, procure entender que não dá para controlar a velocidade do outro, apenas a sua, isso vai lhe poupar muita energia.

Seu filho está brigando com a namorada. Isso é um problema deles, não dá para você resolver, dá para ajudar, mas o desafio é dele.

E o emprego que não sai? Você faz a entrevista e não é chamado, eu sei que a sua vontade era a de ligar para a pessoa do RH e questioná-la, mas não vai adiantar fazer isso, você só estaria desprendendo energia.

Aprenda que existem situações que podemos agir e fazer acontecer, e outras não. Agora que você sabe disso, comece a separar as coisas, respire fundo e tente entender, procure colocar sua energia no lugar que vai realmente resolver as coisas, tudo tem seu tempo e nem sempre esse tempo é mau, às vezes ele é bem necessário!

Abra sua mente

Se tirarmos o lixo, a surpresa virá, somos iluminados.
Dr. Paulo Valzacchi

PESSOAS EMOCIONALMENTE FORTES costumam ter mentes abertas. São pessoas que sonham alto, mas que tem sempre muita razão naquilo que almejam e sabem o que dizer na hora certa, de maneira clara e concisa!

Há uma grande questão entre abrir a mente ou abrir a boca e falar o que pensa. Tem gente que só abre a boca para reclamar, para amaldiçoar a vida ou a si mesmo e, como se não bastasse, até Deus leva a culpa. A vida não está do jeito que ela quer e Deus não envia as soluções necessárias, como se Ele fosse um funcionário à disposição para quando precisar. No fim, ela mesmo se acha a pior das pessoas, tudo está completamente errado, como se reclamar ajudasse.

Deus não vai enviar soluções, a não ser que você aprenda com a situação na qual você mesmo se colocou, difícil de entender isso, não é?

Mas difícil mesmo é aceitar que você é responsável pelo que está vivendo, é mais fácil apontar o dedo para o outro e rotulá-lo como culpado, porém, fazendo isso, a lição não é aprendida, e claro, tudo se repete!

Falar que a vida é a culpada de tudo é perder a força das próprias decisões, é limitar o nosso poder de mudar as situações apresentadas à nossa frente.

Existe um conceito havaiano muito profundo a respeito disso tudo, ele anuncia que a sua escolha não vai levá-lo ao seu futuro, eu sempre teimava que isso fosse a mais pura verdade, até que entendi: "não é a escolha em si, mas o quanto você se dedicou à escolha que deixou de fazer". Agora tudo faz sentido.

Se você se concentra no que deveria ter feito ou no que deixou de fazer e não foca no que precisa ser realmente feito, as coisas vão se complicar.

A vida é no agora, então, direcione seu foco e sua energia para o momento presente e apenas faça o seu melhor. Como diz a expressão popular: "o que passou, passou, não dá para mudar", mas o que você está fazendo agora, com toda a sua força e a sua energia vai lhe direcionar ao seu verdadeiro caminho; vai refletir no seu futuro e, lá na frente, você não vai sentir a necessidade de mudar nada.

Acreditar em si mesmo, na vida e em Deus é abrir a sua mente, um recurso poderoso que vai abrir seu coração e expandir a sua energia para suas realizações com pleno reconhecimento e gratidão.

Reclamar é não fazer nada, é perder tempo, então é preciso mudar esse aspecto. O que muda seu futuro é fazer boas escolhas e focar nelas com toda a sua energia, com toda sua alma, e parar de se distrair com o que não faz sentido.

Veja este exemplo:

> Silvia finalizou um relacionamento de anos de convivência, mas na sua cabeça uma voz constante dizia: "e se eu tivesse me empenhado mais, tudo era tão maravilhoso no começo, eu que fui a culpada". No fundo, Silvia se arrepende, ela busca em sua mente situações de prazer no antigo relacionamento, mas se esquece de que a relação não tinha mais as bases de respeito, compromisso e confiança dos primeiros anos, ou seja, nada ia mesmo dar mais certo. Hoje, ela reclama de tudo, não tentou abrir a sua mente, não procurou fechar o ciclo e entender as lições que são nítidas para as pessoas emocionalmente fortes. Ela precisa aprender, e eu sei que é mais fácil reclamar do que aprender.

Assim como Silvia, existem Marias, Patrícias, Claudios, Cristinas, Paulos, que estão numa luta constante para entender suas vidas, fazer dar certo, ter uma história melhor. O caminho é abrir bem os olhos, aceitar algumas verdades que doem, deixar de lado as ilusões e permitir a entrada da gratidão. É fazer algo novo, dando a si mesmo a possibilidade de recomeçar e de ver o que realmente importa, é ter o direito de sonhar, mas não deixar que os sonhos o consumam, deixando-o num eterno esperar. É sonhar com os pés no chão e seguir fortalecido.

Hoje, por alguns minutos, abra-se para o novo de corpo e alma e pergunte-se: o que eu preciso aprender? A resposta virá e você então saberá a sua direção.

Tem lugar para o novo em sua vida?

> Inovar é transcender, é construir uma ponte
> no lugar que existe apenas uma ideia.
> *Dr. Paulo Valzacchi*

Coisas novas estão constantemente chegando na sua vida. Você realmente acredita nisso? Para dar objetividade a este pensamento, veja por estes dois aspectos:

Primeiro, entenda que coisas novas podem estar chegando realmente, a vida é assim, um fluxo contínuo de mudanças e movimentos, mas que só vai ver quem tiver espaço para deixar o novo chegar e ficar, caso contrário o novo chega, mas passa, vai embora. Depois, procure compreender que para o novo chegar e ficar, você vai precisar de muita sabedoria e desprendimento, caso contrário, os espaços abertos terão sido em vão.

Você está abrindo espaço para o novo chegar? Está se desapegando do velho, fechando ciclos e deixando ir aquilo que não mais agrega? Se você disser não para uma dessas questões nada acontecerá, o novo poderá passar rápido por sua vida e nem fixar estadia; você nem vai perceber.

Abrir espaço é fundamental. Para tanto, pratique a aceitação e a gratidão, dois passos que podem levar você a aceitar as mudanças. A não aceitação de algumas situações do modo como elas são e a dificuldade em agradecer não lhe permite ver qual espaço está ocupado com o que você não mais necessita, seja no material, seja no espiritual.

Gratidão e aceitação andam de mãos dadas, é preciso fechar o ciclo, deixar ir e se permitir para que novas ideias, pensamentos e emoções cheguem. Não basta simplesmente dizer meia dúzia de palavras ao Universo se essas mesmas palavras não encontram a verdade sobre você. É preciso agir e entrar nessa incrível jornada de aventuras que é a vida.

Jane acabou um namoro há dois anos e está literalmente empacada, nada de novo acontece em sua vida. Embora use aquelas famosas "fórmulas mágicas", que em geral são bonitinhas e empacotadinhas, ela continua na mesma. Quando chegou em meu consultório, Jane e eu, juntos, fizemos uma faxina em seu plano físico; abrimos um caixa para doação, onde colocamos fotos, bichinhos de pelúcia, travesseiros, roupas, CDs de músicas e muito mais, a maioria presente do ex-namorado. Em cada objeto havia a energia da conexão e muitas lembranças dos momentos vividos com ele. Ela chorava, a cada desprendimento ela lamentava, mas deixava ir. Foi doloroso, mas necessário.

Nos próximos meses, Jane se desvinculou do físico para iniciar a sua jornada de libertação emocional. As coisas começavam a funcionar, ela agora estava aberta para o novo e recomeçaria mais fortalecida, com uma maturidade maior, conseguindo, assim, o espaço necessário para o novo chegar.

Abrir espaço para o novo é uma das chaves da libertação, algo tão importante para seguir em frente quanto a própria vontade de seguir.

Não adianta ficar lutando para fazer voltar o mundo como era antes, isso não vai mais acontecer, o Universo muda, portas se abrem, sentimentos negativos vem e vão, peças se encaixam, o novo chega, as coisas se reciclam e nossa vida se transforma a todo momento.

Nunca foi tão importante abrir espaços, sintonize sua vibração no agora e deixe o novo entrar.

Apego, a fórmula do sofrimento

> O apego é um veneno para o amor.
> *Osho*

UM DOS GRANDES DESAFIOS a serem vencidos em nossa vida é o apego. Anote bem esta palavra, ela pode estar presente e enraizada em sua vida de uma maneira que você nunca imaginou.

Alguma vez você se apegou fortemente a alguém? Já parou para pensar qual o verdadeiro motivo disso ter acontecido? Às vezes nos apegamos a um trabalho, a um objeto, a um sentimento ou a muitas outras coisas. Mas e aos nossos desejos, será que nos apegamos a eles?

Claro que sim, os desejos são as matrizes do apego.

Diversos desejos estão intimamente ligados ao medo. Um deles, aquele que nunca fará você ser feliz, é o ego. Qual é a real necessidade de você ser sempre o melhor em tudo o que faz? Será que esse apego emocional está tão forte que você nem percebe?

É bem provável que sim. Isso muitas vezes é normal, pois nosso senso de auto-observação é quase zero. Vamos fazer uma continha simples, você até pode não gostar de matemática, mas esta é comportamental, é fácil: pare e tente contar quantas vezes você fala palavras que mostram nitidamente o apego ao desejo de ser o melhor?

Isso vai lhe mostrar o nível do seu egoísmo. E não adianta dizer que é assim mesmo, que a sociedade exige que sejamos os melhores, que não há lugar para quem não chega em primeiro lugar, que ser competitivo faz parte da nossa personalidade ou que as coisas têm que ser assim mesmo. Nada disso, essas respostas só demonstram o tanto que você está apegado; é o seu ego falando mais alto.

Se você me perguntar se isso o fará sofrer, a resposta mais coerente é SIM, pois esse tipo de comportamento afasta qualquer um de alguns elementos básicos da vida, como o respeito à capacidade do outro e a flexibilidade para aceitar perder de vez em quando, por exemplo.

Para evitar isso mude seu jeito de pensar e de falar. Comece a agradecer por enxergar essa situação de forma diferente, por poder compartilhar a sua opinião, por ver as coisas de outra maneira; agradeça por ser capaz de desapegar.

Você não precisa concordar com tudo sempre, mas desapegue do seu autoritarismo. Você vai perceber que o seu Universo cresce, melhora, amplia. Essa é a fórmula para começar a se libertar da velha mania de ter razão em tudo e querer que tudo seja do seu jeito. Existem milhares de apegos por carência, solidão ou rejeição, por exemplo, e uma infinidade de outros, apenas veja a raiz do seu medo e desapegue.

Felicidade é estar bem consigo mesmo

> Quando um sábio aponta o céu
> o ignorante olha o dedo.
> *Provérbio japonês*

MUITO JÁ FOI DITO QUE, para estarmos felizes, precisamos estar bem dentro de nós mesmos, não fora. E que para atingir esse estágio de felicidade é preciso atingir a paz e a simplicidade que tanto se fala; é preciso obter a realização pessoal e lembrarmos de que nem sempre coisas externas vão nos fazer felizes, algumas podem apenas nos deixar alegres.

Porém, a maior dificuldade está em entender em qual momento estamos realmente felizes.

A frase "éramos felizes e não sabíamos" tão comumente usada, mostra-nos que nem sempre percebemos que a felicidade faz parte do nosso dia a dia, de coisas simples que lá na frente vai nos arrancar um sorriso quando recordarmos, mas que no momento vivido não prestamos a devida atenção.

Tem momentos que estamos realmente felizes, mas do nada parece que alguma coisa nos puxa para baixo. Há situações nas quais experimentamos aquela sensação de que tudo está dando certo, que está tudo fluindo e, de repente, sem nenhuma explicação, vem aquela impressão de que algo não vai bem e tudo começa a desandar. Invariavelmente essa desconfiança vem da nossa insegurança e da falta de percepção de que a felicidade é para ser aproveitada aos pouquinhos, com pequenas doses daquilo que vem de dentro de você.

Existe um velho ditado popular que diz "quem ri muito hoje, chora amanhã", esse ditado reflete exatamente como nos sentimos. Temos medo de ser feliz e, assim, sufocamos os melhores momentos de nossas vidas.

Mas será mesmo que não podemos viver melhor, será que não podemos estar plenos e aproveitar os melhores momentos de nossas vidas?

Como no ditado popular, a nossa criação, as nossas bases sólidas são corresponsáveis por tudo aquilo que vivemos, interiorizamos e emitimos. O mundo que conhecemos é composto de estigmas sociais, políticos e religiosos, que muitas vezes nos impedem de sermos verdadeiramente felizes.

Quero apresentar a você um mundo desconhecido. Um mundo onde a limpeza das energias ancestrais se faz presente, onde tudo tem profunda relação com nosso sistema familiar, mas que pode ser transformado em algo positivo.

As pessoas que têm uma família com inúmeras dificuldades, que trazem do passado muita dor, numerosos desafios e outros ingredientes, costumam sentir culpa por estarem felizes; é como se elas se sentissem de certa forma excluídas do grupo, uma sensação de serem obrigadas a continuar a energia do meio em que vivem.

Pessoas assim, e são muitas, são arrastadas para infelicidade, vivem repletas de dúvidas, incertezas e sentimentos negativos.

Será que não temos, todos nós, o direito de ser feliz?

Ao agirmos em prol da felicidade, algo pode ser revelado; estamos fazendo diferente de nossos pais, e esse diferente pode significar que seremos pessoas mais felizes do que eles puderam ser ou tiveram chance de nos fazer. Assim, muitas vezes de maneira inconsciente, isso pode trazer culpa por estarmos experimentando a felicidade!

As pessoas permanecem no problema, na dor, na dificuldade de superar algo, como um processo de fidelidade em relação aos seus entes queridos, porque estão familiarizadas a um contínuo estado de acompanhamento que as tornam unidas e fiéis aos seus antepassados.

Toda essa explicação é um tanto complexa, mas muito real e evidente em nossa vida. Proponho a você um exercício para eliminar essa culpa. A culpa que lhe impede de ser feliz.

Respire calmamente algumas vezes, deixe seu corpo relaxar. De olhos fechados, repita para si mesmo, se possível em voz alta, as seguintes palavras:

Eu sou merecedor de toda a felicidade e do amor que me cerca. Tenho o direito de viver a minha própria vida da forma que escolher. Reconheço as dificuldades de meus familiares e as minhas também. Permito-me construir, ser e fazer o melhor de mim mesmo em busca da minha felicidade e daqueles a quem eu amo. Eu sou a manifestação de todos os anseios e vontades de meus antepassados e, ao ser feliz, manifesto essa felicidade para todo o meu sistema. Sou assim, o elemento transformador de nosso sistema, para a felicidade a que somos destinados.

Permita que as palavras ecoem em sua mente. Mantenha esse exercício por ao menos 21 dias.

Sonhos de infância ou de vida

> Se podemos sonhar,
> também podemos tornar
> nossos sonhos realidade.
>
> *Tom Fitzgerald*

QUESTIONADA SOBRE O QUE QUERIA ser quando crescer uma criança um dia me respondeu "eu quero ser tudo, menos adulto". Eu quase perdi o fôlego, então perguntei, mas por quê? E ela respondeu "porque ser adulto é chato demais".

No fundo eu acredito que aquela criança tem razão. Nós, adultos, somos repletos de chatices. Vivemos em alerta com frases limitadoras "não faz isso, não faz aquilo, não vai sujar a roupa, não pisa aqui, não molha ali". Para piorar, temos medos, responsabilidades, estresse, preocupações, paramos de brincar, de sorrir, de pular e de nos divertir; a vida se tornou uma chatice mesmo.

A resposta daquela criança me fez pensar. Normalmente quando indagada sobre seu sonho, uma criança responde que quer ser atriz, modelo, bombeiro, policial, veterinária, professora ou outras profissões conhecidas. Eu, na minha época, queria ser astronauta.

Cada um de nós tem um sonho de criança que fica guardadinho dentro de nossa cabeça, no nosso subconsciente. E mesmo que seja um desejo secreto, traços daquele sonho vai sempre refletir de maneira positiva ou não no percurso de nossas vidas.

Quando crescemos, na maioria dos casos os sonhos ficam no passado. Quantas crianças realmente se tornaram jogadores de futebol, modelo ou médicos? Muitas vezes as pessoas que realizam essas profissões nem sonharam com isso.

Os sonhos são plantados em nosso subconsciente como forma de nos impulsionar a realizar aquilo que, aos nossos olhos, nos faria felizes e realizados. Quando desviados desse objetivo, ficamos frustrados, infelizes e até depressivos. Trazer para uma realidade, nem que seja aproximada, os nossos sonhos de infância, pode nos tornar pessoas mais preparadas para lidar com o agora.

    Uma coisa de que tenho orgulho é poder ter realizado meus sonhos de criança, menos o de ser astronauta, é claro, que abandonei aos 9 anos de idade. Novos sonhos apareceram, porém, dentro de mim, aquele desejo nunca morreu, ele foi transformado ainda quando eu era criança, em algo que me levasse a entender melhor o Universo; nem sempre nossos sonhos significam literalmente aquilo que é entendido pela sociedade.

    Sonhos mudam, amadurecem e se transformam, alguns ganham vida, outros ficam quietinhos esperando algo acontecer. Fiquem atentos ao que as crianças falam, lembra daquela que falou que não quer ser adulta? Como essa criança vai encarar um mundo que a assusta desde tão cedo?

    Olhando para o mundo que nos cerca, uma coisa é certa, ter um sonho e ainda contar com a pequena possibilidade de concretizá-lo já é um tremendo passo. Muitas pessoas sonham em apenas poder comer algo no dia seguinte, ou mesmo tomar um banho, curar uma doença, andar novamente, encontrar um ente desaparecido ou apenas viver.

    Lembre-se de que nunca é tarde para realizar um sonho, pois a sua criança ainda mora aí, dentro de você! Cultive seus sonhos com a mais profunda gratidão. É com ela que a chama de possibilidades se incendeia, uma chance de poder contribuir, amar, viver melhor e se realizar.

    Sonhos são concretizados com esforço e muita dedicação, todos os dias temos que cuidar da semente plantada, adubar, regar, dar todas as condições para ela crescer, com muita paciência e amor.

    Para entender melhor o que significa aquilo que você sempre sonhou desde de criança, procure saber quais são ou foram os sonhos dos seus pais. Será que eles conseguiram realizá-los? Será que viveram uma jornada de realização ou por algum motivo os ventos mudaram de direção e seus sonhos tomaram outro rumo?

    Essa descoberta é muito importante porque nos ajuda a olhar para nós mesmos e para os nossos entes queridos com mais amor, entendimento, compaixão e ternura. Serve para reconhecer o quanto somos todos iguais e mostra que guardamos dentro de nós um pouco dessa criança que um dia sonhou com algo extraordinário, mas que a vida pode ter ajudado ou não a realizar.

Reflita, busque saber mais sobre si mesmo, sobre seus sonhos, suas habilidades, seus potenciais, mas aprenda a conhecer um pouco mais sobre suas raízes também.

Desejo-lhe boas descobertas.

E, então, o que você vai ser quando crescer?

Descomplicando

> Em si, a vida é neutra. Nós a fazemos bela, nós a fazemos feia; a vida é a energia que trazemos a ela.
>
> *Osho*

No mundo moderno há um grande questionamento "por que a vida é tão complicada?" Ou melhor, a questão é "por que será que as pessoas com as quais convivemos são tão complicadas?".

Esse é um tipo de questão predominantemente marcante na sociedade atual. Antigamente os pensadores e filósofos queriam entender de onde viemos e para onde vamos, nós fomos mais além; queremos julgar o comportamento alheio.

As redes sociais, que vieram com intuito de aproximar (uma rede de pessoas conectadas se socializando), acabou se tornando um campo de batalha. É aí que entra a questão do encontro de soluções e a nossa autorresponsabilidade.

Você já experimentou individualizar a pergunta? "Por que EU sou tão complicado? "Por que será que EU complico tudo?"

Muito bem, a partir disso, você tem em suas mãos a possibilidade de mudar as coisas que estão ao seu alcance.

A grande resposta para esse questionamento está na energia de cada pessoa. Procure não complicar além do necessário, não deixe a monotonia tomar conta de você, não deixe sua vida tão sem graça, ela precisa de um tempero, vamos lá, dê aquela pitada de magia, descomplique.

Muitas pessoas fantasiam o mundo de tal maneira que, ao caírem na vida real, começam a perceber que tudo era muito simples.

Às vezes as pessoas não são diretas nem objetivas, elas dão voltas e mais voltas para chegar a um simples lugar, complicando tudo mais ainda!

Todos nós temos dezenas de desejos, é necessário saber dar prioridade a um de cada vez e sair em busca de sua concretização. O problema é que tem pessoas que desejam ora isso, ora aquilo, um desejo depois do outro, sem qualquer filtro ou freio, apenas desejos.

Quando desejamos demais, não saboreamos o que já temos, isso torna o simples em complicado de novo; é um círculo vicioso sem fim.

A falta de posicionamento acaba contribuindo com uma infinidade de suposições. Na cabeça dessas pessoas existe uma fórmula comportamental, o achismo, que é uma doença gravíssima que simplesmente complica a vida.

No final uma coisa é certa, nós complicamos mesmo. Devanear, distrair, enfeitar, imaginar, iludir, não ser objetivo, não ter foco, apegar-se ao que já foi são todos comportamentos de confusão.

Por vezes nós mesmos complicamos nossos relacionamentos, nossa vida financeira, o conviver com a nossa família; complicamos a nós mesmos!

Descomplique-se: escolha o simples, não o complexo. Desista dos atalhos, escolha o caminho, ele certamente vai ser mais seguro. Não fique desejando ou fazendo milhares de coisas ao mesmo tempo, faça uma coisa por vez. Não tente enfeitar a sua vida com ilusões, vá direto ao ponto. Não há tempo a perder, diga adeus à imaginação, chega de achismo, pare com tudo isso e lembre-se: deixe o passado ir, guardá-lo complica demais. Descomplique!

O poder do equilíbrio

> Aquele que é feliz espalha felicidade.
> Aquele que teima na infelicidade,
> que perde o equilíbrio e a confiança, perde-se na vida.
> *Anne Frank*

A PALAVRA EQUILÍBRIO, tão usada ultimamente, reflete aquilo que almejamos, mas que não sabemos a receita certa para alcançar.

Estar em equilíbrio é estar de bem consigo mesmo, é saber realizar com parcimônia as tarefas diárias, é dar o mesmo peso e a mesma medida para os problemas que fogem da sua capacidade de resolver. O desequilíbrio faz com que nos sintamos mal, pensemos mal, agimos mal.

Em momentos assim, quando nos sentimos descompensados emocionalmente, a regra de ouro é: não faça nada, pare e simplesmente reflita melhor. Se você não parar, vai agir de forma inadequada, muitas vezes impensada e precipitada. No final, todos sabemos que agir imbuído desses ingredientes somente trará consequências indesejadas, algumas delas são carregadas de frustração e arrependimento.

Obviamente você já se sentiu frustrada por algo que disse, ou mesmo por aquilo que fez por impulso. Então, lembre-se dessa sensação, ela com certeza não foi boa; tudo que realizamos no desespero não tem bons frutos.

Quando nos desequilibramos e explodimos, seja em um relacionamento, no trabalho, com amigos, com os filhos, com nossas finanças, seja até mesmo com coisas banais, a grande chance de provocar um estrago é muito grande. Por exemplo, se você se desequilibra com as finanças, acaba fazendo dividas mal pensadas, quando perde a cabeça no trabalho e fala o que não deve, logo se arrepende, pois tem o risco de perder ou o emprego ou o cliente, e isso se dá em muitas outras situações.

O desequilíbrio é interno, existe um grande vazio dentro de muitas pessoas que se reverte em compulsividade por compras, baixa autoestima, prejuízos financeiro e emocional e em diversas patologias. O desequilíbrio é o grande vilão de atitudes autodestrutivas.

Quando em conflito, você já deve ter ouvido várias vezes algumas pessoas dizerem, respire! Sim, esse é o primeiro passo, respire! Respire profundamente e pense, espere, não aja por impulso. Não faça nada em momentos calorosos ou desesperadores, espere o caos passar, saia da crise. Tenha muito cuidado com o conteúdo emocional, não deixe ele no comando, raiva, ciúmes, apegos somente vão alimentar o problema.

Então, pare, comece a analisar os fatos, nada de "eu acho", nada de "eu pensei que", tudo o que achamos é coisa da nossa mente, é historinha inventada, como minha mãe dizia: "é história para boi dormir". Esqueça isso de tentar adivinhas as coisas, veja os fatos e busque soluções concretas, sem escapismos.

Nunca diga "eu só vejo uma solução". Por favor, não diga isso. Ver apenas uma solução é deixar milhares de outras possibilidades fora do contexto. Quem tem apenas uma opção, não tem nada.

Reequilibrar-se é entrar novamente em equilíbrio, é ser responsável, é parar com aquela birra da criança que chora, esperneia e quer tudo do seu jeito, não faça isso, seja responsável, veja com clareza e depois tome a melhor direção. Aprenda que nem tudo será do seu jeito ou no seu tempo.

Não deixe disparar a ação errada, pense com inteligência e bom senso. É possível! Reequilibre-se sempre.

A ovelha negra

> As "ovelhas negras", as que não se adaptam, as que gritam rebeldia, cumprem um papel básico dentro de cada sistema familiar, elas reparam, apanham e criam o novo, e desabrocham ramos na árvore genealógica.
>
> *Bert Hellinger*

A máxima "ovelha negra da família" muito usada nas décadas de 1970 a 1990, já foi um conceito negativo de acusação e críticas aos que eram diferentes ou que não se enquadravam nos padrões estabelecidos pela sociedade.

Em geral, as pessoas acreditam que a ovelha negra é a pessoa revoltada da família, aquela que é meia louca, que faz tudo diferente, que leva todos a sofrerem.

Aparentemente pode até ser isso mesmo, mas essa é uma concepção errada. Ser a "ovelha negra" nada mais é que ter atitudes e comportamentos diferentes do seu grupo, apenas isso. Todo grupo tem seus padrões de energia, de comportamento, de pensamentos e atitudes, isso é natural.

Embora sejamos todos diferentes, somos mais iguais do que imaginamos, essa é a verdade. Cada indivíduo é único, mas sonhos, valores, forma de pensar tendem a pertencer às características de um determinado grupo.

Todos nós somos conduzidos por forças energéticas, ninguém está isento da força dessas energias dentro do grupo em que vive.

Excluir jamais vai ser a melhor opção. Todas as pessoas pertencem a algum lugar, mesmo que suas ideias e comportamentos sejam opostas ao seu meio.

Essa oposição, que muitos chamam de "ovelha negra", não é revolta, mas, sim, uma nova maneira de ver as coisas, uma escolha e, se isso não prejudicar ninguém, está tudo bem ser assim.

É como entrar num grupo onde todo mundo fala *Namastê* ou *Amém*, e de repente alguém diz *Aloha*. Sair do padrão, causa aquele olhar meio torto, carregado de críticas e de recriminações, mas na verdade o que aquele olhar está refletindo é medo!

Familiares, amigos, colegas de trabalho e até as pessoas com a qual nos relacionamos amorosamente não querem ter a preocupação de ver o diferente. As pessoas gostam de padrões, estão acostumadas com suas zonas de conforto. Apontar o dedo é mais fácil.

Ser a ovelha negra, por si só, sem prejudicar ninguém, é dar um novo rumo para a mesmice, é uma renovação de energia tanto familiar quanto profissional e social. Quando uma pessoa quer mudar, todo o grupo sente isso, é natural, é como um contrafluxo necessário e importante para a renovação.

A zona de conforto deveria ser uma fábrica de ovelhas negras. Sair da caixinha quadrada de pensamentos iguais é como causar um pequeno terremoto, para que, posteriormente, tudo se encaixe novamente, mas de maneira diferente.

Uma pessoa vista como ovelha negra, pode, por exemplo, ser a primeira a enxergar a prosperidade, enquanto todos veem escassez; ela pode ser a primeira a fazer uma graduação universitária, enquanto outros só se preocupavam com o emprego. Pessoas assim abrem portas, avançam no caminho, contribuem para as mudanças que serão bem vistas nas próximas gerações.

Ser ovelha negra não é ter desvio de conduta, isso é ser mau-caráter. Procure não julgar. Se seu familiar, amigo, companheiro ou colega de trabalho se comporta de maneira diferente da sua, mas não prejudica nem a ele próprio nem a ninguém, deixe-o seguir por esse caminho, mesmo que isso lhe cause certo desconforto.

Hoje, pense um pouco diferente a respeito da ovelha negra, essa é uma das pautas do nosso Curso de Limpeza das Energias Ancestrais, não se prenda a valores antigos, estamos em um novo mundo, os conceitos aprendidos no passado se modernizaram, tente acompanhá-los. A regra é ter a coragem de renovar.

Agora, se você é uma ovelha negra, parabéns, você está contribuindo com novos conceitos para o seu grupo, só se prepare para receber muitas resistências. Lembre-se sempre de que, acima de tudo, o que deve imperar é o amor e o respeito, sem isso você deixa de ser uma ovelha negra positiva e se torna um pesadelo na vida das pessoas do seu convívio.

Temos o direito de ser e de pensar diferente, mas não de impor isso a ninguém e, aconteça o que acontecer, seu rebanho sempre vai ser a sua maior segurança.

Vida às avessas

> O caos faz parte da beleza do início da harmonia.
> Afinal tudo é movimento.
>
> Dr. Paulo Valzacchi

Quem nunca se sentiu perdido, desorientado, bloqueado, como se a vida estivesse de "cabeça para baixo"? Ouço muitas pessoas dizerem: "minha vida está uma bagunça, estou completamente perdida, está tudo um caos".

O sentimento de desespero quando algo não vai bem é comum. Tudo na nossa vida são sinais e lições. Se você segue acelerado, não consegue perceber esses sinais. Muitas pessoas estão imersas num mar de emoções e de acontecimentos e veem tudo tão intenso, que acelera mais ainda, causando ansiedade, insegurança e medo.

Procure parar, respirar e desacelerar. Tente conseguir enxergar os sinais e as lições, assim, o rumo do barco muda e você pode escolher a melhor direção, veja se os ventos serão favoráveis, esforce-se para pegar o leme.

Respirar é o primeiro plano, o segundo é se reorganizar. Se tudo está confuso, bagunçado, desorganizado, o impacto negativo vai ser tremendo. Organizar-se é um passo estratégico, sem isso, nada dará certo.

Bagunça é sinônimo de caos; e caos gera desarmonia, que por sua vez não ajuda a encontrar a paz e o caminho certo. Existe muita desorganização interna e externa. Procure combater esse instinto destrutivo que muitas vezes se apoderam do seu ser. Tudo começa com um "eu vejo isso depois".

Pratique! Organizar ideias é simplesmente colocá-las em ordem, dispersando, assim, os obstáculos. Saia do achismo. Trabalhe com fatos, quem "acha algo, não sabe nada", achar é imaginar coisas que podem estar muito longe da realidade, vou repetir isso sempre! Achar é imaginação, saber é fato. Tente identificar o porquê dessa bagunça. Respire, desacelere, coloque tudo no papel, olhe para os fatos, pergunte-se: "por que e para que isso está acontecendo?", as respostas vão lhe surpreender.

Em muitos momentos de nossa vida as tempestades chegam por alguns motivos. Observe mais de perto os sinais, não prestar atenção nos detalhes é perder a oportunidade de aprender. Mas lembre-se de que nem sempre os sinais apontam o caminho certo, muitas vezes eles vêm como um tufão, que passa levantando tudo, gerando caos, para que depois você possa olhar cada peça e colocar tudo no seu devido lugar.

Sua vida está às avessas? Será mesmo que este não é o lado certo? Reflita! Procure os sinais.

Se não conseguir vê-los, olhe para dentro de si mesmo e, depois, olhe ao seu redor e revisite a sua vida. Com a maior honestidade possível, busque por pistas que lhe trarão soluções; elas estarão lá, prontas para reconstruir o seu mundo.

Escolhas e consequências

> Temos o destino que merecemos.
> O nosso destino está de acordo com os nossos méritos.
> *Albert Einstein*

Desde muito cedo em nossa vida, mesmo que inconscientemente, estamos fazendo escolhas que geram consequências. Muitas pessoas chegam até mim e dizem: "Dr. Paulo, estou passando por uma fase complexa, complicada, avassaladora, não consigo sair dessa situação." Todos nós sabemos que essa fase tem um nome: ela se chama *consequências*.

A coisa funciona assim: se eu tomo uma boa decisão, as implicações são boas. Se eu tomo uma má decisão os resultados são maus. Não tem receita de bolo, é assim e pronto.

Mesmo que ilusoriamente achamos que podemos levar vantagens quando optamos por fazer uma escolha ruim, tudo na vida é causa e efeito, e a cobrança vem.

Se quero que alguém seja carinhoso, é carinho que eu devo oferecer. Se quero que alguém seja atencioso, é atenção que eu vou conceder. Se planto, rego e adubo a chance de uma boa colheita é maior, tudo depende de suas escolhas.

Para uma boa colheita, comece escolhendo boas sementes, de forma figurativa, isso significa decidir entre o bom ou ruim. Porém, o maior problema que vivemos hoje não é somente a "escolha da semente", mas saber lidar com a situação. Se por alguma infelicidade você acabou escolhendo a semente errada, essa escolha vai gerar consequências negativas, resultando em situações desastrosas que vão levar você a querer consertar tudo. E se a sua consciência em relação ao problema for a mesma, mais escolhas erradas serão feitas, gerando o que chamo de efeito "bola de neve".

No final, a "bola" se torna gigantesca, tanto que assusta.

A negação sobre suas escolhas é outro agravante. Querer saber se tem jeito de consertar é um grande passo para a resolução do problema.

Mas, na maioria das vezes, a coisa não funciona assim, se fosse simples, tudo estaria resolvido com algumas desculpas, não se engane, o primeiro passo é entender que a escolha que você fez anteriormente não funcionou e, assim, não repetir o erro.

Busque escolhas mais assertivas, claras e que funcionem a curto, médio e longo prazo. Quando uma consequência é gigantesca, pode ser que a solução também demore para fazer efeito, eu disse pode ser, mas isso também não é obrigatório.

O que fazer então?

Respire, deixe sua mente leve, isso ajuda muito. Procure se reorganizar, coloque tudo no papel, a organização nos faz sentir que estamos no controle. Peça ajuda, dê preferência a ouvir pessoas com mais experiência, criativas e sábias.

Aplique cada passo descrito e saiba que para tudo há solução.

Lembre-se, porém, de que não vai ser assim, de uma hora para outra, que as coisas se resolverão. Muitas vezes esquecemos de regar uma planta, só lembrando quando percebemos a olhos vistos que ela começou a murchar; quando você se der conta disso e começar a revitalizá-la com água, vai perceber que leva um tempo para ela se reanimar. Tempo, cautela, bom senso e força devem ser os ingredientes necessários para sair dessa situação.

Nada, nada mesmo, fica sem solução. Às vezes precisamos aceitar o momento, repensar e parar de fazer escolhas precipitadas.

Existe uma sabedoria popular que diz: "antes de realizar uma escolha, pense nas consequências", mas não pense somente em resultados imediatos, pense no amanhã, em semanas, meses, anos.

Aprendi da maneira mais difícil que uma escolha que eu fizer para me deixar próximo do prazer ou da felicidade pode, mesmo sem que eu perceba, levar outras pessoas ao sofrimento; é uma armadilha. Escolhas de prazeres instantâneos, a curto prazo, fatalmente resultará em consciência negativas. Olhe sempre mais à frente, há consequências que são devastadoras. Aprenda a alinhar seu modo de sentir ao seu modo de pensar.

A escolha é exclusivamente sua, já as consequências podem atingir a todos que vivem ao seu redor.

Conhecendo os ciclos da vida

A beleza do ciclo se evidencia quando conseguimos caminhar com ele.
Dr. Paulo Valzacchi

OBSERVE BEM A NATUREZA AO SEU REDOR, ela tem ritmo, um tempo próprio, além de toda a sua beleza e muita sabedoria a nos ofertar. São muitas as filosofias que são ditadas por lições da natureza.

Ao analisarmos atentamente as estações do ano, entendemos que elas fazem parte integral de um maravilhoso vai e vem universal; é o show maravilhoso do macrocosmo, que nos dá uma referência importante de como podemos viver melhor.

Todos sabemos que o mundo é regido pelas quatro estações: verão, outono, inverno e primavera, cada uma dessas estações guarda um significado grandioso em nossa vida. Procure saber mais sobre nosso microcosmos, sobre as emoções relacionadas à natureza.

Nossa vida é regida por quatro ciclos de, em média, 20 anos cada; uma simbologia que pode mudar de acordo com cada pessoa.

Começamos a nossa existência exatamente no verão de nossas vidas, quente, com muita energia, suor, garra. São os nossos primeiros 20 anos, período que temos uma força gigantesca, aprendemos muito, os sonhos são diversos, tudo é euforia, precisamos de muitas novidades, parece que nosso espírito se encanta com um mundo repleto de possibilidades.

Chegamos então ao segundo ciclo, a nova estação, o outono, com tudo bem definido: frio logo pela manhã, calor ameno durante o dia e a noite o retorno de temperaturas mais frias. Aqui as árvores começam a diminuir o ritmo da seiva, as folhas começam a cair, é como se, simbolicamente, devêssemos acolher algumas experiências e deixar outras partirem é um fluxo, um filtro, os bons aprendizados devem nos fortalecer, as consequências negativas devem cair ao chão e devemos deixar cair. É o período de 20 a 40 anos, quando construímos o alicerce de nossas vidas, saboreando o início de uma calmaria no momento certo, nem tão frio, nem tão quente.

Neste período, somos capazes de dar continuidade à vida, podemos fazer escolhas sensatas que nos levarão ao próximo turno, o inverno.

Assim que chegamos aos 40 anos, parafraseando o ditado popular de que a vida começa aos quarenta, agora mais amadurecidos, podemos nos acomodar e aceitar o frio do inverno e então nos recolhemos, buscamos o calor de dentro, a introspecção, o aprendizado que vem com o início da maturidade. É momento de refletir, de saber separar o joio do trigo, o que deve e o que não deve ser feito. É a chance de decidir o que aprecia, o que deseja e quais resultados serão colhidos disso.

No inverno almejamos o acolhimento e a busca por respostas, e é claro, um bom chocolate quente. É quando passamos pelos cinquenta e temos a impressão de que vamos "secar" que surge a sabedoria e o milagre da vida. É quando começa um intenso desabrochar.

E então chega a primavera, a estação da renovação, da beleza, do perfume, da delicadeza e da plena sabedoria. É quando deixamos vir à tona tudo o que aprendemos. Ao contrário do que muitos pensam, a vida não se encerra no inverno de nossas vidas, mas, sim, no mais doce despertar da primavera. Estar entre os 60 e 80 anos é uma experiência ímpar. Nessa fase já tivemos a oportunidade de dar vida tanto aos nossos filhos, para quem optou por tê-los, quantos aos nossos projetos. Já aprendemos a administrar nossas perdas, já aprendemos com nossos erros. E então podemos sorrir sozinhos, de nós mesmo, porque agora não precisamos provar nada para ninguém. Florescemos, simplesmente somos flor.

Cada ciclo precisa ser vivenciado com a sua intensidade. Mas existem alguns segredos para se viver de forma integral, se chegarmos ao período da primavera cheio de amarguras, ressentimentos ou decepções, não conseguiremos desabrochar, as folhas murcharão e o perfume não será exalado, a vida então vai se resumir a arrependimentos e sofrimentos.

Para chegar com leveza ao auge de nossa existência é preciso que cada pecinha do quebra-cabeça da vida se encaixe, que cada elo seja respeitado, que cada sonho seja vivenciado, que muitos sejam perdoados e que você se perdoe também, permita-se a deixar cair no chão as folhas dos ressentimentos, e que se crie uma alegria pelo simples fato de participar desse fluxo universal que é a vida.

Hoje, seja a primavera, ou, prepare-se para ela.

Você está sendo testado

> Os dois testes mais duros no caminho espiritual são a paciência para esperar o momento certo e a coragem de não nos decepcionar com o que encontramos.
>
> *Paulo Coelho*

Estamos em uma época em que somos testados diariamente. Somos pressionados o tempo todo, a vida parece até um campo selvagem, repleto de desafios para a nossa sobrevivência.

Muitos gritam incessantemente "não desista", outros gritam "persista, você é forte". Com o tempo ganhamos sabedoria e paramos de ouvir essas palavras para nos ater a outras de maior poder, como "entenda o seu momento", "faça no seu tempo".

É fato que muitas pessoas desistem daquilo que sente dificuldade muito facilmente. Olhando ao redor, percebemos que em um mundo de tantas facilidades as pessoas pulam de um barco para outro sem a menor preocupação. Muitas desanimam, desistem e caem naquele velho lamaçal de reclamação "por que será que isso acontece comigo?"

Um dos fatores para chegarmos ao entendimento desse processo todo é compreender como funciona o nascimento de uma árvore. Tudo começa pela semente jogada no solo, certo? Desse ponto em diante, ela precisa de tempo para brotar e depois mais tempo para crescer, para se desenvolver, e ainda mais tempo para florescer e dar frutos. São poucas pessoas que conseguem entender essa comparação com nossos objetivos de vida, elas teimam em jogar a semente no solo e querer que amanhã lá esteja uma árvore frondosa, e dando frutos, de preferência maduros! Isso se chama expectativa ilusória; certamente todos sabem que isso não passa de pura ilusão mesmo.

Pensando dessa maneira, as pessoas ficam frustradas, decepcionadas e tudo vai por água abaixo. Para essas pessoas, aprender, sobre curto, médio e longo prazo, se faz necessário.

Mas têm aquelas pessoas que são mais determinadas, firmes e decididas, mas que podem também ser orgulhosas e cabeça dura, não conseguem ver que estão na direção errada, semeando em terreno infértil.

Persistir na direção errada não faz sentido, ou seja, você está caminhando na contramão, somente vai se desgastar e perder toda a sua energia. Para essas pessoas a teimosia está em alta, mesmo diante do abismo que se encontram, elas seguem em frente.

Quando uma pessoa acredita em seus sonhos e se lança nele de corpo e alma, vários testes de resistência se apresentaram em seu caminho. Essa é a hora de identificar se o caminho que escolheu é o correto. Muitas vezes aquele sonho pode ser uma ilusão, e por mais que lhe falem da importância de realizar seus sonhos, se esse não for o caminho certo, você não passará no teste. Calma, não confunda com desistência ou fraqueza, persistir em desacertos não vai fazer com que seus sonhos se realizem, é preciso entender que precisamos perder algumas batalhas, ajustar novas estratégias e vencer nossa guerra interna e pessoal, essa é a sabedoria dos sonhos.

Dar um passo para trás não significa perder, significa avaliar o momento e ser inteligente o suficiente para reprogramar tudo de forma mais assertiva.

Entre desânimo e persistência uma coisa é certa, o que faz a diferença para se chegar em qualquer lugar é o conhecimento. Sem isso, tudo vira um conto de fadas, muitas ilusões, muitas expectativas e, por fim, um punhado de decepção.

Hoje o lema não é somente não desistir, mas compreender melhor o seu momento. Respeite os testes que a vida apresenta, veja o que é melhor, reveja suas estratégias, tenha sabedoria para encontrar o melhor caminho, no tempo certo.

Aprendi isso tudo com a própria vida, entre erros e acertos, o que certamente me trouxe mais experiência. A vida se torna o nosso mestre, mas como tudo muda no Universo, hoje temos ao nosso lado a possibilidade de encontrar respostas mais claras, rápidas e assertivas, então minha dica é: respire fundo e reavalie o seu momento e o que precisa fazer dele. Você está sendo testado!

A matemática louca da vida: simplifique

> Nenhum floco de neve cai no lugar errado.
> *Provérbio Zen*

Vivenciar nossa jornada de forma profunda exige simplicidade. Quanto mais simples, mais saboroso tudo se torna. E o mais engraçado é que sempre estamos na contramão; em geral, somos nós que complicamos.

Complicar é colocar nossa energia e nossa força debaixo de uma pilha de lixo e esquecer ela ali. É querer ter o mundo em suas mãos quando nem ao menos se tem uma casa. É querer dirigir carro de corrida sem ao menos saber o que é um radiador. É ir no supermercado, parar na frente de cinco marcas diferentes de refrigerante e sair de lá sem nenhuma delas. É inventar coisas na sua cabeça completamente sem sentido. É causar a velha tempestade no copo d'água.

No fim nós complicamos mesmo. Os verdadeiros vilões dessa complicação são o medo, o orgulho, o egoísmo e aqueles pensamentos velhos no qual acreditamos que sempre temos razão ou que tudo tem de ser do nosso jeito.

A vida não tem que lhe dar tudo o que você quer, ela tem que oferecer oportunidades para que você conquiste. A matemática é simples, se você seguir a cartilha a conta fecha.

Evite a lei do mínimo esforço, o hábito de querer levar vantagem em tudo, a falta de compromisso e de aceitação pelo que os outros são nunca levam ninguém a nada. É dividir para somar! Essa é a matemática da vida.

Descomplicar exige treinamento, mas é simples: comece abolindo de seu vocabulário mental e de sua vida a palavra *nunca*. Isso vai lhe dar força, renovação e energia, vai fazer com que você retire o lixo que encobre o seu poder de decisão. Elimine a dúvida da sua vida, não coloque minhocas ilusórias na sua cabeça, isso é tempo perdido.

Cada pessoa tem suas experiências pessoais, o que pode estar dando certo para você não necessariamente vai dar certo para o outro. Procure pensar com clareza, some as coisas boas que passaram por sua vida e compartilhe com quem ainda está na busca. Dê o seu melhor.

Hoje é dia de descomplicar mostrando que tudo tem múltiplas possibilidades, fique atento à matemática da vida e você se abrirá para um novo Universo, tudo vai se tornar mais claro e fará mais sentido.

Simplifique!

Seja firme em sua trajetória

As soluções sempre aparecem quando saímos do pensamento e ficamos em silêncio, absolutamente presentes, ainda que seja só por um instante.
Eckhart Tolle

Ao começamos uma nova trajetória, um mundo de novas descobertas se apresentará e, certamente, iremos nos deparar com situações e pessoas que não condizem com a nossa maneira de pensar e de agir. Para evitar esse tipo de confronto muita gente prefere desistir, mas não se pode chegar ao fim do caminho se não der os primeiros passos.

São vários os caminhos que podemos seguir, uns mais tranquilos, outros mais tortuosos, nem sempre fazemos as melhores escolhas. A resistência em tomar determinada direção vai refletir enormemente nos resultados que tanto você quanto as pessoas ao seu redor vão obter. O caminho pode ser difícil, mas se no seu íntimo você acreditar que está fazendo a coisa certa, siga em frente!

No decorrer da nossa trajetória encontramos pessoas que nos apontam solução rápidas. Procure focar no destino sem se preocupar com a distância a percorrer. Facilidades e prazeres instantâneos são ilusórios. Geralmente é muito mais sedutor "cortar o caminho", mas a estrada é bem diferente, é longa e ninguém pode caminhar nela por você. Normalmente, essas pessoas querem ganhar algo em troca, têm algumas que até vivem de boas intenções, mas são detentoras de péssimas ferramentas, ou seja não adianta nada ter uma boa intenção e não ter recursos, elas só vão atrasar a sua chegada.

Tome cuidado com os "tapinhas nas costas", ou com frases prontas e vazias de que "vai dar tudo certo", isso pode criar uma falsa ilusão de que tudo vai ficar bem. Palavrinhas mágicas disfarçadas de purpurinas podem confortar ou consolar, mas não vão ajudar em nada, sou mais a favor da terapia de choque, para que nossos olhos se arregalem e possamos enxergar por onde estamos trilhando.

Trace um ponto na sua linha do tempo, faça disso o seu objetivo, siga a sua trajetória. Shânkara, um monge espiritual indiano disse. "viver é olhar para o futuro, contemplando o caminho presente, é seguir mesmo no escuro, prosseguindo sempre em frente, viver é agradecer todos os dias, meses e anos". Sábias palavras, viver é isso, um constante ir e vir de escolhas e descobertas, e é somente você e ninguém mais que pode decidir se esse é o caminho certo.

Aposte nas verdades da sua vida! Como eu sempre digo, verdades são duras, podem ser um terremoto, mas eu particularmente prefiro uma tormenta momentânea, do que o arrependimento tardio. Verdades nos tiram da zona de conforto e nos fazem refletir cada vez mais, talvez até nos incentive a buscar o nosso próprio caminho.

Daisaku Ikeda, um filósofo e líder budista japonês divide a trajetória em degraus, ele diz que "há momentos difíceis na vida. Grandes ou pequenas, as dificuldades podem ser decisivas. Somente a firme determinação de enfrentar as adversidades leva o indivíduo a vencê-las verdadeiramente. Nessas horas cruciais, jamais hesite o mínimo que for.

Hoje eu tenho uma pergunta para você, em qual parte da sua trajetória você está? Vou deixar uma sugestão: analise e veja em que degrau você se encontra.

- Degrau 1: "Eu não consigo": se você está aqui, acredite, consegue sim, apenas precisa de ferramentas e das habilidades certas, mas com essa atitude a paralisia será eterna.
- Degrau 2: "Talvez eu consiga": muito bem, agora você começou a despertar o seu poder.
- Degrau 3: "Quero ser capaz de fazer": perfeito, já começou a vislumbrar o que precisa.
- Degrau 4: "Como será que posso fazer?" Parabéns, seu instinto já procura saber quais passos seguir.
- Degrau 5: "Vou tentar fazer": isso mesmo, a energia da possibilidade está presente.
- Degrau 6: "Eu posso fazer": Neste ponto você já tem as ferramentas certas.

- Degrau 7: "Eu farei": agora preste atenção, seu foco e comprometimento já fazem parte de sua decisão.
- Degrau 8: "Consegui": o sucesso está garantido, sua mente está aberta às possibilidades.

Existe uma única estrada e somente uma, e essa é a estrada que eu amo. Eu a escolhi. Quando trilho nessa estrada as esperanças brotam e o sorriso se abre em meu rosto. Dessa estrada nunca, jamais fugirei.

Daisaku Ikeda.

Assertividade na hora de pedir "um tempo"

> Com organização e tempo, acha-se o segredo
> de fazer tudo e bem feito.
>
> *Pitágoras*

O TEMPO! Quando jovens, pouco falamos sobre ele, mas no decorrer das estações da vida, o tempo é um elemento essencial para vivermos em paz, com dignidade e sem estresse.

Tudo é tempo. Tudo que fazemos nos remete ou a um tempo perdido, ou ao benefício de termos aproveitado o momento.

Lembro-me de que, quando ainda era jovem, não querer acreditar muito nesse negócio de "dar um tempo". Como assim "dar um tempo"? Se queremos estar ou não com alguém, não vai ser esse "tempo" que vai definir; era o que eu pensava!

Mas o tempo passa (olha ele aí de novo) e nós amadurecemos e nos abrimos às novas ideias, e assim, modificamos a estrutura da nossa linha de pensamento. Por fim, cheguei a uma nova conclusão: têm situações que se faz necessário sim "dar um tempo".

Requerer um tempo, em qualquer situação, representa um sistema de quase libertação; não é para a pessoa pedir um tempo e já sair "ficando" com outras, bebendo, curtindo a vida. Isso nos leva a entender que "dar um tempo" é como sair de uma prisão em um daqueles indutos de datas comemorativas.

Nada disso. Dar um tempo é também dar-se um tempo, permitir a si mesmo um momento de reflexão longe da emoção "é sair da ilha, para ver a ilha", como dizia José Saramago. Precisamos de tempo para refletir sobre os próximos passos, entender melhor o que deve ser feito. Ter um tempo só para si permite analisar se o caminho que está percorrendo é o certo, se realmente é isso que você quer para a sua vida.

Um tempo pode nos tirar de uma situação conflitante e permitir uma análise mais minuciosa e distante do problema. Isso pode nos amadurecer a tal ponto, que a partir deste marco em sua vida, você vai compreender melhor as suas decisões e vai poder definir com mais sabedoria as estratégias para chegar à solução desejada.

Quando se trata de um relacionamento, seja assertivo, não é simplesmente a celebre frase "eu preciso de um tempo" que vai definir se o romance acabou ou não. Pedir um tempo quando já está certo do que se quer é enrolação, o que demonstra imaturidade.

Há também aquelas pessoas que pedem um tempo porque temem ficar sozinhas. Elas percebem que o relacionamento já acabou, mas por medo ou comodismo, querem ver o mundo lá fora com a garantia de encontrar o outro esperando aqui dentro. Isso é covardia, além de ser muita maldade. Repito, seja assertivo. Nada de enrolação, se você precisa do tempo porque está se sentindo sufocado, ou porque no meio de um furacão não consegue pensar claramente, tudo bem, qualquer outro motivo deve ser repensado, antes que você machuque uma ou mais pessoas.

Nada como um bom diálogo para uma reconciliação verdadeira. Mudanças são bem-vindas, reflita, observe bem o porquê de algo não estar funcionando, faça isso de uma maneira imparcial e sem críticas.

Dar um tempo pode nos acalmar, nos levar a ver com clareza, a identificar valores e desejos.

O respeito ao tempo das coisas tem o poder de nos ensinar a não sermos ansiosos, imediatistas e precipitados, ajuda a dar uma devida pausa, nos faz pensar, esperar e amadurecer melhor as ideias.

Eu sempre acreditei que o tempo, com uma boa pitada de reflexão, tem o poder de nos ensinar e trazer soluções. O nome disso é "soluções ocultas", pois estávamos tão imersos nos problemas, no automatismo da vida, que não conseguíamos enxergar claramente.

Se tudo está embaralhado em sua vida, dê um tempo, seja para si, seja para uma relação, seja para o que for. O tempo vai colocar de maneira harmônica cada coisa em seu lugar, pois na correria do dia a dia tudo parece um tanto desorganizado e continuamos vivendo no automático, onde tudo se encontra embaralhado, o que acaba por não fazer sentido algum.

Pense nisso, as vezes o que falta é apenas "dar um tempo" para você respirar melhor e, com a mente serena, tomar boas decisões.

Rejeição infantil

A rejeição não é a ausência de amor,
mas a diferença entre o amor que esperamos e o que obtemos.
Autor desconhecido

Um dos pilares mais marcantes da destruição emocional é a rejeição. Tema complexo, que, em poucas palavras, não daria para passar a verdadeira mensagem que o assunto requer.

Vamos abordar aqui, no entanto, algo ainda mais profundo: a rejeição na infância.

Nós, adultos, já temos uma personalidade formada, o problema é que a rejeição infantil tem um impacto enorme na vida das pessoas, podendo desconstruir e construir imensos padrões.

Rejeição não é somente algo físico. Existe a rejeição de ideias também, aqui, vamos falar da rejeição emocional. Se um familiar rejeita uma ideia, um sentimento ou uma afirmação de uma criança, de forma a ter um impacto emocional contundente, deve se preparar para curar ou aprender a conviver com as feridas que criou. Mas sabemos que não é isso que acontece.

Em alguns casos, como quando os pais se separam, por exemplo, ou na escola, em grupos de coleguinhas ou até mesmo nas atitudes dos professores, a rejeição pode ser subentendida. Não sabemos como a criança interpreta aquela situação em seu mundo infantil.

Quando os pais se separam e há uma substituição de parceiros, pode acontecer de, na cabeça da criança, ela entender aquilo como rejeição. O sistema de troca gera insegurança e causa muito sofrimento. A criança acredita que a figura paterna ou materna que foi embora não a quer mais, e, como agravante, ela pode entender que não é suficiente boa para quem ficou; ela não aceita que os pais podem se relacionar com outras pessoas, dar atenção para qualquer pessoa que nãos seja ela mesma.

De maneiras diferentes, cerca de 90% das pessoas ainda estão imersas no fantasma da rejeição, o que acaba refletindo negativamente em suas vidas quando se tornam adultos. Baixa autoestima, insegurança, falta de estímulo, decepções amorosas frequentes, perda de orgulho próprio, repetição de papeis, sofrimentos familiares e muitas outras consequências.

Mas o que fazer diante de tudo isso? Acredite, existe muito trabalho pela frente, com você, com suas descobertas e com a maneira que vai lidar com a situação.

No caso de brigas conjugais, aprender a separar os conflitos da relação para não afetar os filhos se faz necessário. O foco aqui é não deixarem que o egocentrismo e/ou a idolatria afete seus filhos. Em muitos casos de desavenças familiares pode acontecer de um dos dois querer tanto que as coisas se resolvam, que passam a rejeitar os próprios filhos em detrimento de si mesmo.

O cabo de guerra é entre você e seu parceiro(a), deixe seus filhos fora disso, tudo deve ser muito bem separado, caso contrário, você não somente estará se ferindo, mas também machucando as pérolas preciosas de sua vida.

Na constelação familiar isso é tudo muito bem definido; cada um tem seu lugar dentro do contexto da família. Tenha muito cuidado com suas explosões de raiva perto dos seus filhos, cuidado com as palavras, a criança entende, e sente.

A mensagem é um alerta necessário para que possamos entender que, em geral, as profundas feridas emocionais são feitas pelas pessoas que mais amamos e admiramos na vida.

O chamado

> Ninguém andará por você,
> a jornada sempre será sua, a responsabilidade também.
> Dr. Paulo Valzacchi

O TEMPO TODO UM CHAMANDO NOS RODEIA, é uma súplica, um pedido para que nos alinhemos com o Universo, onde nada para; tudo se transforma em uma dinâmica contínua que gira, nasce, vive, morre e começa novamente.

Agir é um desafio para todos nós, talvez seja por isso que temos tantos medos, principalmente do novo. A vida é um processo de construção, seu sabor só é vivenciado se você estiver aberto ao tempo ruim e ao tempo bom.

Imagine uma vida só de calor, sem chuva, sem frio, seria um tormento, não é mesmo? Mas há quem goste, esquecendo-se de que o equilíbrio do mundo é feito desses contrastes.

Inverno e verão, dia e noite, quente e frio, prazer e dor, tristeza e alegria; essa é a vida que se move entre duas polaridades, quando aprendemos a nos mover entre elas, acabamos aprendendo algo sensacional: o equilíbrio.

No entanto, quando a pessoa consegue ver apenas uma das polaridades, não aceita o oposto, essa resistência a afasta do crescimento. A questão não é não aceitar, mas não ser capaz de enxergar.

Dificuldades são desafios que nos impulsionam a sermos mais criativos, ajuda a termos disciplina, a pensarmos melhor e a transpormos tudo isso.

O esforço que fazemos para manter o equilíbrio se torna essencial para a ação; é o Universo trazendo você para o jogo. Dificuldades novas virão, são esses desafios que ajudam a não parar, a não estagnar na vida.

Ouça o chamado, não pense que as dificuldades existem para prejudicar você, não pense negativamente. O obstáculo é um processo para desafiar a sua "zona de conforto", e isso o fará crescer. Se você está com uma dificuldade, não esmoreça, busque ajuda, seja criativo, deixe desabrochar toda capacidade e potencial que você tem.

Na vida tudo tem uma utilidade, e essa condição, que é dada por sua percepção, dita as regras do mundo. Tudo que acontece na nossa vida tem um motivo. Sempre que algo ruim acontecer, permita-se ficar triste, mas depois de um tempo analise qual o lado bom disso, nem que seja o seu crescimento interno. Nada de bom vem com facilidade. Temos que enfrentar os nossos medos, os nossos traumas, passar por cima das dificuldades para conquistar aquilo que queremos.

A dica de hoje é: respire fundo, o Universo está apenas lhe chamando para agir, pois ação é vida. Antes de pensar em desistir, tente, participe, brinque, cresça, viva, não desista de ser feliz.

Existem dois caminhos: o do amor ou o da dor. Arrisque-se, como você vai saber se vai dar certo se não se arriscar? A vida está gritando por você, acredite na força que você tem!

Espiritualidade: a arte da fé

> Não coloque limites em seus sonhos.
> Coloque fé.
> *Autor desconhecido*

Quando falamos em espiritualidade, a primeira coisa que nos vem à mente é a religião. No entanto, a mais importante de todas as imagens relacionadas à espiritualidade é a fé.

Podemos treinar muitas habilidades em nossa vida, mas fé não é algo que se desenvolve sem que nossa consciência e confiança desperte.

Muita gente se engana ao acreditar que em se tratando de fé existe apenas uma. Há vários tipos de fé. Podemos observar a fé irracional, aquela que leva a pessoa a se enganar pelos falsos profetas, por assim dizer, aqueles que se aproveitam do desespero dos fiéis e lucram com isso. Têm os fanáticos, aqueles que fazem coisas absurdas em nome de Deus. E os que têm uma fé egoísta, aquela que diz que só o seu Deus tem razão.

Meu conceito pessoal é o de que toda fé verdadeira está baseada em três pilares. Se você conseguir harmonizar e equilibrar bem estes três pontos, sua força espiritual só tende a aumentar:

- Fé em Deus, que cria um relacionamento saudável com o criador e confia que Ele quer o seu melhor. Essa é a fé que vê suas necessidades e não seus desejos, que tem base na sua certeza de que há um Deus que lhe concede o poder de decisão, dando-lhe força e discernimento para fazer suas melhores escolhas.

- Fé na vida, que nos dá força para continuar, mesmo sem entender o propósito de nossa experiência na Terra. Essa é a fé que motiva a pessoa que enfrenta a vida, aquela que acorda todos os dias e vai à luta, encarando os problemas de cabeça erguida, com dignidade. É a fé das pessoas que amam viver, que perdoam, que sentem gratidão. São essas pessoas que vivem seguindo o fluxo da vida, não vão contra ele.

- Fé em si mesmo. O nosso grau de fé em nós mesmos é muito pequeno. São poucas as pessoas que entendem a real necessidade de acreditar em si mesmo. Temos em nossas mãos a chave que abre todas as portas do Universo, mas nossos medos e egoísmo nos paralisa ou nos sabota, não nos deixando ver que somos uma centelha divina, que se acreditarmos em nós mesmos podemos conquistar o mundo.

Resumindo, a fé verdadeira é aquela que harmoniza você com a vida, com Deus e, acima de tudo, com você mesmo. É a fé que une tudo em uma única energia, que tudo pode, que tudo vê, que nos enche de força e de poder; o poder do amor.

Vou encerrar a mensagem de hoje com uma pergunta: você realmente tem fé? Então, "cadê o seu guarda-chuva?" Segue minha história favorita.

> Havia muita seca em uma comunidade. Certo dia um padre disse a todos para formarem uma corrente de oração para fazer chover. Ficou combinado de que na manhã seguinte eles se encontrassem e orassem todos juntos. O padre pediu para que cada um trouxesse a sua fé. Na manhã seguinte mais de 500 pessoas estavam reunidas. O padre olhou para todas aquelas pessoas e, para espanto de todos, gritou em tom áspero: "hoje não vamos orar". Os murmúrios começaram e muitos perguntaram: "mas por que, padre? E ele respondeu: "não vamos orar porque apenas uma pessoa trouxe a sua fé".
>
> E então o padre apontou para um senhor no meio da multidão, e o que ele carregava?
>
> Um guarda-chuva. Isso é ter fé.

Rompendo elos com gratidão

> A gratidão é a virtude das almas nobres.
> *Esopo*

COM ALGUMAS TRISTES EXCEÇÕES e de uma forma ou de outra, a maioria das pessoas acaba recebendo alguns cuidados durante a infância. Mesmo com a criação padrão, aquelas em que os pais são responsáveis pelas crianças, com a correria da vida muitos sentem que estão sendo negligenciados ou abandonados. Temos sede de amor; não nos sentimos preenchidos quando não há atenção. Tudo isso cria dentro de nós um complexo de emoções, como carência, raiva e outros sentimentos.

A verdade é que cada um tem sua história de vida, não ter atenção na infância pode ser doloroso, deixa dentro de nós uma criança cheia de feridas, solitária e com muita falta de afeto.

Se você se sente triste, é a parte da sua criança interior que está sentida. A sua raiva pode ser a dela também, se sua criança se sente sozinha, é esse sentimento que vai refletir em você. Se algo dói dentro de nós e não sabemos ao certo os motivos, é nossa criança ferida que está pedindo socorro, às vezes esperamos anos e anos pelo amor de alguém, sem saber que somos nós mesmos que devemos nos dar esse amor.

Todo sentimento importa, carinho, amor e atenção são construções que fazem parte de nossas vidas, naturalmente; todos nós queremos ser amados, aceitos e valorizados, e como queremos.

Mas nem todos conseguem esse benefício gratuitamente. Chegamos ao mundo com uma sede imensa, queremos um oceano de amor, mas nos deparamos apenas com um copo de água. Ter pouco e querer muito nos causa revolta e frustração. Mas quem serão os culpados de isso acontecer? Afinal, sempre precisamos culpar alguém.

Na filosofia huna do Ho'oponopono não se busca culpados, para eles isso não faz sentido, o caminho é o da aceitação e do amor, o oposto da vida moderna.

Olhando dessa maneira tudo faz muito sentido, pois temos a oportunidade de romper um elo e dar uma nova vida a nossa própria vida.

Você prefere apresentar à sua criança interior os culpados pelos seus traumas e dores ou apresentar-se diante dela com amor, gratidão e perdão e, assim, acolhê-la e curar suas feridas?

Tudo é uma questão de perspectiva e de consciência.

O mundo é diferente daquilo que idealizamos, a ausência de demonstração de amor pode acabar construindo barreiras, isso mesmo, barreiras e resistências para romper o elo e mudar nossa história.

Num sentido mais amplo, gratidão é reconhecer a bênção de estar vivo. Independentemente de crenças, a gratidão rompe com os elos negativos, transformando-os em aprendizado. Devemos ser gratos pela vida e por tudo que recebemos dela, mesmo que em situações não tão favoráveis, foram essas circunstâncias que nos permitiu chegar até aqui.

Quando a gratidão é expressa de maneira sincera ela não só atua em você como tende a se multiplicar para mais pessoas ao seu redor. A gratidão está diretamente relacionada à felicidade. E esse sentimento pode e deve ser partilhado.

Essa é nossa reflexão de hoje: agradecer ao invés de se revoltar e, diante de tantas dificuldades e com todas as forças, tentar a todo custo não repetir aquilo que não desejamos.

Pense nisso e construa uma história melhor.

Certo ou errado: acertando o caminho!

> Não existe um caminho para a felicidade.
> A felicidade é o caminho.
>
> *Thich Nhat Hanh*

TER A CONSCIÊNCIA de que estamos fazendo a coisa certa ou não é o que chamamos de moral. Esse é um atributo da nossa consciência: distinguir o certo do errado.

A sociedade se baseia em erros e acertos, porém, mesmo sabendo que algo é errado a grande maioria das pessoas insiste em cometer esses erros.

Todos sabem que é errado fumar, ou beber e dirigir, mas muitos fazem isso sem o menor peso na consciência. Têm também os relacionamentos abusivos, que sabemos o mal que nos faz, mas continuamos ali. Insistimos no que é errado, no que não nos faz bem pelo simples reflexo da negação; fingir que não sabemos que é errado nos torna mais tranquilo, é o famoso autoengano. Porém, o certo é certo, mesmo que ninguém esteja vendo.

Veja isso de uma maneira bem simplificada:

Dentro da sua cabeça, onde você passa a maior parte do tempo, seu cérebro se divide em racional e emocional.

O lado racional tem ótimo discernimento, ele sabe reconhecer o que é certo ou o que é errado, ele é lógico. O problema está no lado emocional, que se assemelha a um macaquinho doido, descontrolado, que quer fazer o que "der na telha", e faz. Se o macaquinho quer pular, ele pula; se ele quer explodir tudo, ele explode; dificilmente ele está quietinho e controlado.

Agora imagine a luta entre esses dois hemisférios, um fala não faz isso, e dá uma palestra do porquê não fazer, e o outro tapa os ouvidos, fazendo o que quer sempre. No cérebro emocional, mesmo sabendo que é errado, o macaquinho é quem manda, ele é impetuoso, e então, a guerra está declarada.

E como chegar à paz, com bom senso?

Domesticar o macaquinho é o ponto. Não permita que ele faça tantos estragos. Mantenha o seu racional e o seu emocional se comunicando de forma civilizada, isso vai fazer com que você tenha boas escolhas.

Quanto mais o seu macaquinho for rebelde, mais problemas você vai ter na vida. Ele não mede consequências, mesmo sabendo de tudo o que NÃO PODE FAZER, é exatamente aquilo que ele vai QUERER FAZER: O macaco sempre quer a banana.

Treinamento emocional é um quesito essencial para ensinar a domar a fera, ou melhor ensinar a domar esse macaquinho doido.

Fica então duas dicas para você tentar controlar essa ferinha: a primeira é respirar, a segunda é não tomar decisões precipitadas.

Respirando conscientemente, damos um tempo para razão tomar conta do evento, e não o macaquinho. Esperar para tomar uma decisão é refletir, pensar e não permitir que as emoções tomem conta de tudo.

A regrinha básica é nunca deixar um ou o outro no comando, ambos, o racional e o emocional fazem parte de suas decisões, só tem de fazer isso de forma saudável.

Certo ou errado, o melhor caminho é o da coerência!

O que está sob o nosso controle?

> Conhecer os outros é inteligência,
> conhecer-se a si próprio
> é verdadeira sabedoria.
> Controlar os outros é força,
> controlar-se a si próprio
> é verdadeiro poder.
>
> *Lao-Tsé*

Vivemos condicionados a seguir regras. Algumas imprescindíveis, outras flexíveis, mas que não deixam de ser regras. Graças ao nosso livre-arbítrio podemos fazer nossas escolhas dentro desses padrões estabelecidos, mas nem sempre as coisas vão sair do nosso jeito. Nem tudo está sob nosso controle, aliás poucos eventos estão.

Se você está em uma empresa, por exemplo, e tem um método para chegar ao seu objetivo, está acostumado a calcular riscos, tem sempre um plano b e procura novas estratégias, as chances de aquilo dar certo se torna maior, porque você está no controle. Esse é um assunto que abordo em alguns dos meus cursos, tudo é muito funcional, quase exato, porém, existem riscos que nem sempre conseguimos identificar antecipadamente. A grade estratégia é estar atento a tudo que está ao seu redor sem se estressar com isso.

No entanto, quando falamos em relacionamentos afetivos e outras áreas emocionais, não dá para controlar. Doenças chegam, relacionamentos de anos acabam, perde-se dinheiro e nem tudo acaba como queremos. Está tudo bem as coisas serem assim, viver é isso, um constante vai e vem, ganhos e perdas, alegrias e dores.

A primeira coisa que acolhemos quando nada é do nosso jeito é a decepção, existe uma anatomia emocional para tudo isso, depois da decepção, chega à frustração, a raiva, a apatia e muitas outras sensações e sentimentos limitadores.

Se você não for uma pessoa bem resolvida, as coisas tendem a se complicar. Resistir aos fatos podem, cada vez mais, levar você a um emaranhado de emoções. Conheço pessoas que não aceitam de maneira alguma o final de um relacionamento, passam-se anos e nada muda, elas estão cheias de amargura, raiva e até sentem uma pitada de vontade de se vingar.

Algumas pessoas estão tão atadas no conceito material, que qualquer coisa que foge ao seu controle traz um sentimento de imensa fragilidade emocional. Parece que um abismo se abre.

Mas tem aqueles que não planejam absolutamente nada, e claro, percebem, a duras penas, que as coisas não são nada do que imaginavam. Em um contexto geral, existe os que planejam, mas esquecem os riscos; os que calculam o risco, mas esquecem de focar em soluções e os que fecham os olhos e deixam a "vida levar", esses sim vão sofrer de verdade.

Existe um grupo específico, no entanto, que vai em busca de soluções para aceitar certas coisas e entender que não dá para controlar tudo, principalmente o tempo de outras pessoas para amadurecer. Esse grupo sabe que a dor por uma perda, de qualquer tipo, não dá para controlar, mas dá para criar forças, buscar energia, entender melhor o processo, perceber como não cair de novo nas armadilhas do caminho, e é claro, confiar mais na própria natureza.

Para hoje, procure entender que as coisas nem sempre serão do seu jeito. Tente aceitar as condições que se apresentam e tirar o melhor proveito dela. Estar no controle exige dedicação, mas você não precisa controlar tudo. Pense nisso e siga sua vida de maneira mais feliz e organizada.

O seu tempo, o meu tempo e o tempo dos outros

> A fruta cai no tempo certo.
> *Dr. Paulo Valzacchi*

É COMUM QUE no final das palestras que ministro as pessoas venham me dar um abraço ou um aperto de mão. São momentos que me trazem muito conforto e satisfação pessoal, pois eu dediquei meu tempo àquelas pessoas; ser retribuído com esse carinho é realmente muito compensador.

Dentre essas pessoas existem aquelas que dizem: "meu marido, minha filha, meu filho, a vizinha, deveria ter vindo". Depois de um tempo percebi que as pessoas sempre têm uma intenção positiva, a de querer compartilhar aquilo de bom que recebeu, porém, muitos não entendem que esse é o seu momento, e que esse momento pode não ser o mesmo momento do outro.

Como diz o ditado popular, "tudo no tempo certo". Cada pessoa tem o seu momento particular, e isso se faz presente ao nosso redor.

Ao tirarmos uma fruta verde do pé, ela amarga na boca. Se colhermos sem os cuidados necessários para o seu cultivo e fora do seu tempo, corremos o risco de não saborear a doçura do fruto.

Muitas vezes existem soluções que estão diante de nossos olhos, mas não estamos vendo, e por que isso ocorre? A resposta é simples: porque ainda não é o momento.

O seu tempo deve cultivar, respeitar e valorizar o tempo do outro. Precisamos estar em sintonia, preparados para nos conectar ao espaço daqueles que vivem ao nosso redor.

Em geral, estamos tão mecanizados, robotizados, que não nos damos conta de que se passaram dias, semanas, meses, anos sem que percebêssemos as coisas que verdadeiramente importam e isso inflige o tempo do outro; somos cegos em querer fazer e resolver tudo ao nosso tempo.

Mas um dia despertamos e uma nova visão se abre diante dos nossos olhos, seja pelo amor ou pela dor, e é justamente o tempo, aquele pela qual você brigou ou negligenciou, que se apresenta agora como resposta de todas as suas dúvidas.

Na maioria dos casos crescemos, melhoramos e ganhamos uma nova visão ou colorido para a vida, é natural querermos ofertar isso a todos. Mas cada um tem seu despertar, cada um tem seu momento de aprendizado.

Ouço muitas pessoas dizendo "ah, se eu tivesse ouvido tudo isso a anos atrás, tantos erros teriam sido evitados". Então eu respondo, baseados em anos de estudo e de aprendizado, na prática, digo que cada um tem sua própria jornada, seus erros e acertos, e que cada peça se encaixa exatamente como deveria se encaixar, no momento certo.

E não adianta "passar a carroça na frente dos bois" e nem "apressar o rio, pois ele corre sozinho" no seu tempo, no tempo certo. Não adianta querer despertar para certas coisas da vida de uma maneira mais rápida, se tudo que envolve aquela situação ainda não amadureceu.

Alguns fatores contribuem para que não possamos perceber o tempo, dentre eles, estar acelerado demais é o principal. Corremos de forma quase enlouquecida, guiados pelos nossos egos, que acabam fechando nossos olhos.

Desacelere, tente sentir o momento, sinta o instante. É isso que nos conecta com o agora, com aquele algo mais quase imperceptível que se apresenta há todo momento e que nós deixamos passar. É assim que a nossa consciência desabrocha; ficar atentos nos faz acordar.

Hoje, silenciosamente, sussurre por alguns segundos, dentro de si, palavras que tragam você para a realidade. Diga a si mesmo "eu estou aqui", "estou vivo aqui e agora, neste exato momento".

Respire fundo, sinta o seu tempo e simplesmente relaxe.

Desilusão, a ilusão despedaçada

> Compreendemos mal o mundo
> e depois dizemos que ele nos decepciona.
> *Rabindranath Tagore*

CERTO DIA fui questionado se eu já havia decepcionado alguém e eu respondi: "é claro que sim, todos nós em algum momento da nossa vida já decepcionamos alguém, e olha, eu posso garantir, não foi uma única vez".

A grande diferença é que as expectativas criadas por outras pessoas nem sempre condizem com aquilo que você está preparado para ser ou fazer.

Entendam, decepção é muito diferente de desilusão. A decepção é "criada" com base naquilo que os outros esperam de você. Já a desilusão é uma dor na alma. Esse é o grande desafio, não cair nas garras da desilusão.

Precisamos aprender a lidar com decepções e a tratar as desilusões. Desilusão é a ilusão despedaçada. Quando a dor da decepção atinge a maneira como você se relaciona com o mundo, está na hora de procurar ajuda.

Se você se decepciona facilmente, com qualquer coisa, isso pode se transformar em desilusão, que pode resultar em depressão, pânico, ansiedade, carência afetiva e muito sofrimento. Uma enormidade de sentimentos dolorosos, mágoas, ressentimentos, frustrações consigo mesmo e com a vida é o que você consegue enxergar.

É necessário, em casos assim, encontrar um jeito de fazer esse sofrimento todo valer a pena, ou seja: aprender algo com ele. Sabemos o quanto é complicado quando passamos por um sofrimento e, no final, não aprendemos absolutamente nada com ele, e pior, quando repetimos padrões, realimentando as mais profundas dores.

O melhor a fazer para não cair nessa armadilha é tentar se resguardar, blindar seus sentimentos para coisas fúteis. Não se deixe magoar tão facilmente, coloque-se no lugar do outro e tente entender o porquê daquela atitude, muitas vezes a outra pessoa nem teve a intenção real de ferir, ou às vezes até tem, mas se procurarmos entender os motivos dela, saberemos como lidar com os nossos.

As pessoas que mais se decepcionam são as que vivem na ilusão. Quem confia demais, idealiza muito, entrega-se completamente sem deixar um pé no chão, por assim dizer, não consegue observar os fatos com mais razão que emoção. Isso é desilusão, ou seja, se decepcionar com a ilusão!

Se você é assim, então precisamos dar uma regulada nesse mecanismo. Esperar muito dos outros é um ato falho, podemos confiar, mas entregar algumas chaves fundamentais nas mãos de outras pessoas não faz sentido. Somos humanos, sim, eu sei, falhamos, nos decepcionamos e vamos decepcionar outras pessoas, isso é natural, afinal, estamos em construção. A luta é para que a transformação, que vai partir de dentro de você, amenize decepções mais profundas, impedindo, assim, que a sua ilusão se apague, mas que não se despedace.

Hoje, nada de criar grandes expectativas, mas também não é para matá-las; expectativa dá sabor à vida, é como o sal que adicionamos à comida, se for muito, vai estragar o sabor e trazer danos para saúde, mas se for pouco, a comida fica sonsa, sem graça, sem sabor.

Dizem que o sal é o tempero da vida, então, hoje, vamos aprender a dosar melhor as expectativas, trazendo uma pitada de realidade para apreciar as lições que elas promovem; afinal, as expectativas têm muito a nos dizer, as ilusões não.

Travas e bloqueios: é possível seguir em frente

> Estou convencido das minhas próprias limitações
> e esta convicção é minha força.
> *Mahatma Gandhi*

O MAIOR BLOQUEIO que podemos ter em nossas vidas é aquele no qual acreditamos. Vamos entender melhor tudo isso.

Imagine uma casa com um lindo jardim gramado. Atrás da casa, no quintal, tem um pomar incrível. Você vê crianças brincando no jardim ou colhendo frutas no pomar; elas estão felizes. Porém, essas crianças cresceram e se mudaram, foram estudar, casaram e seguiram suas vidas. Os pais envelheceram e não tiveram mais disposição para cuidar do jardim, já não havia alegria naquela casa, o pomar nunca mais floresceu e deu frutos.

Assim como tudo na vida, para receber é preciso dar. Para que sua casa seja um verdadeiro lar, ela precisa de cuidados. Se a pintura está feia, gasta, suja, é preciso pintar a casa. Um vazamento na torneira da cozinha pode virar uma dor de cabeça maior se você não dedicar um tempo para arrumá-lo.

O jardim precisa ser podado, as ervas daninhas retiradas, o pomar precisa ser limpo, adubado, regado, podado. Tudo isso precisa ser feito no tempo certo, assim, flores e frutas estarão sempre presentes e cada vez mais lindas e saborosas.

Mas aquele casal estava travado, não só pela idade, mas pela tristeza do abandono; eles sentiam falta do barulho das crianças correndo pela casa. Por estarem bloqueados para a realidade, acreditavam que quando os filhos lhes dessem netos, tudo voltaria a ser como antes. Acreditar, tão somente, sem agir, causou um bloqueio irreversível naquela família.

Tudo na vida exige certa atenção, certo cuidado. Não basta viver por viver, tem que estar atento e forte aos seus propósitos. Mas o que aquele casal poderia ter feito? Foram os filhos que foram embora!

Sim, foram os filhos que partiram, então, ao invés de ficarem apegados ao passado, eles deveriam ter seguido em frente, ter cuidado da casa, que seria o mesmo que cuidar deles mesmos, assim, os filhos, já adultos, não iriam achar a casa velha e descuidada, e com o brilho e a alegria do local certamente levariam os netos para passar as férias ou finais de semanas com os avós.

Cuidar do lugar onde se vive ou trabalha torna a nossa vida mais fluida, destrava bloqueios. Mas tem que acreditar e agir, é claro que isso é uma metáfora, têm filhos que não voltam para a casa dos pais mesmo que eles se esmerem em cuidados, mas serve para passar uma mensagem, somos nós mesmos que nos bloqueamos perante os outros.

E o que aprendemos com isso tudo?

Aprendemos que quando tudo "trava" em nossa vida é porque há muito não cuidamos dela, vivemos em função dos outros, e então, as ervas daninhas crescem.

Ervas daninhas são como pensamentos ruins. Não acreditamos mais em nossos esforços. Deixamos o desânimo nos dominar.

Não temos que viver a vida dos nossos filhos, muito menos a dos nossos companheiros, devemos desenvolver a nossa maneira de viver. Relacionamentos, para funcionar corretamente, exigem cuidados, é preciso amar, sair da rotina, olhar por si e pelo outro, compartilhar, entender, adubar e crescer juntos.

Sua vida financeira não é feita apenas de trabalhar e gastar, você precisa subir, crescer, investir, focar, dar tudo de você e chegar lá. Para ganhar é preciso investir em si mesmo!

O mesmo acontece com a sua família, que precisa de amor, de cuidados e de atenção, mas nunca antes de fazer tudo isso por si mesmo. Um jardim não se cuida por si só, a vida também não.

Não coloque travas no seu caminho, elas só existem porque faz muito tempo que você não cuida da sua vida. Siga em frente, fique atento aos pequenos detalhes, coloque, dia após dia, uma gotinha de esperança no lugar das farpas que vão gerar a trava.

É como a árvore do pomar, hoje você colhe, amanhã também, na próxima temporada você pode até colher, mas se não cuidou, vai perceber que os frutos já não são tão doces. Um dia não haverá mais frutos.

Sua vida travou? Está tudo errado? Olhe bem de perto para as coisas que você não tem dado atenção há muito tempo e comece hoje mesmo, aos poucos, a arrumar essa bagunça.

A vida é sobre dar e receber. Diga a si mesmo, diariamente: "eu sou o problema e a solução, sou a trava e a libertação. Tudo está aqui dentro de mim".

Tudo pode mudar

> O valor da vida se baseia em pessoas
> que cruzam nosso caminho e nos ofertam lições.
>
> *Dr. Paulo Valzacchi*

Um dia desses, ao me levantar pela manhã, acordei com uma mensagem em mente, algo que me ocorreu 30 anos atrás.

Ao chegar em uma ala de um hospital em que havia muitas pessoas com câncer terminal, deparei-me com duas enfermeiras falando sobre dona Rute, uma senhora com seus 80 anos, semblante amargo, olheiras profundas, cara amarrada e que não recebia visitas há muito tempo.

As enfermeiras diziam que dona Rute chorava a noite, ouviam ela soluçar e falar constantemente a palavra "saudades".

Naquele momento, fiquei imensamente tocado e então fui falar com ela. Logo nas primeiras palavras já percebi que aquela senhora tinha um muro protetor ao seu redor. Com cautela, cheguei perto de sua cama e disse: "bom dia, dona Rute!". Ela olhou para mim e retrucou: "só se for o seu, porque eu estou morrendo". Então encarei o desafio e continuei: "bem, eu também estou".

Recebi um olhar fulminante e as seguintes palavras: "eu estou morrendo mais rápido que você".

Bem, eu sabia que não ia ser fácil. Então, respirei fundo e investi em uma nova estratégia.

Era dia de visitas e eu sabia que ela não receberia ninguém, então passei na frente do hospital, peguei uma margarida, fui ao quarto dela, disse bom dia e coloquei a flor ao seu lado. Naquele instante eu sabia que tinha chegado mais perto. Começamos a conversar e, aos poucos, fui entrando em seu mundo, até que ela tocou num assunto delicado: saudades.

Dona Rute olhou para mim e disse: "sinto muitas saudades".

Eu perguntei: "do quê?"

Ela me disse: "da minha filha. Eu sou apenas uma velha resmungona e briguenta. Fiz tudo errado na vida. Briguei com minha filha anos atrás, a única pessoa que me aturava. E agora nem visitas tenho".

Então eu disse: "liga para ela!" Ela me olhou com tristeza e respondeu: "e meu orgulho?" Eu respondi suavemente: "mate-o. Não deixe seu orgulho matar você primeiro".

Dona Rute olhou para mim, pensou bem e emendou: "eu tenho mais um punhado de saudades".

"Saudades de nadar no rio, de tomar café da manhã em casa, da comida da minha mãe, do meu trabalho, do sorvete, de vento no rosto e de poder andar livremente por aí. Sinto saudades de quando minha filha era criança e eu brincava com ela, e de bolo de aniversário. Sinto saudades da vida, eu tenho uma imensa saudade de viver".

Aquilo me tocou, como se fosse um chacoalhão. Quantas coisas maravilhosas que temos e deixamos passar na correria do dia a dia. Quanta ingratidão temos por coisas importantes que não damos conta, quanto egoísmo. Não percebemos mais as maravilhas da vida, estamos condicionados demais a simplesmente viver.

Então respirei fundo, abracei dona Rute e disse: "eu também sinto saudades".

No dia seguinte soube que aquela senhora teimosa e turrona finalmente ligou para sua filha e que, no final daquela semana, a filha viria visitá-la. Porém foi tarde demais. Dona Rute se foi antes desse dia chegar.

Isso me deixou uma lição muito importante na vida: não permita que o "tarde demais" chegue primeiro, que o orgulho sufoque o amor, que a gratidão acabe, que a saudades chegue. Ame, mas ame agora! Perdoe, agradeça, abrace, elogie, viva profundamente, o momento é agora, de uma hora para outra, tudo pode mudar!

Como transformar hábitos negativos em positivos

Um capítulo especial escrito por
Monise Alemi Valzacchi

Hábitos são pequenas decisões que fazemos todos os dias ao longo de nossa jornada. A sua vida essencialmente é a soma dos seus hábitos. Quão bem ou malsucedido você está? Você está em forma ou fora de forma? Está feliz ou infeliz com sua vida?

As respostas para essas perguntas estão diretamente ligadas ao resultado de seus hábitos diários. Vamos a uma reflexão!

O que você faz diariamente? Como você gasta o seu tempo? Em que você pensa ou acredita?

Cada resposta vai levar você a raiz dos seus hábitos. O que você faz a cada dia forma a pessoa que você é.

Procrastinação, produtividade, nutrição, tudo começa com seus hábitos. Quando você aprende a modificar o seu comportamento, consegue mudar toda a sua vida.

A pergunta de ouro é: como mudar hábitos ruins que nos puxam para baixo?

Deixo para você algumas dicas.

Comece com um hábito incrivelmente pequeno. Qualquer um, simplesmente comece.

Faça desse novo hábito algo tão fácil que você não terá como não o realizar. Um grande erro que as pessoas cometem é começar suas mudanças numa escala muito grande.

Não reclame. Frases como "o que eu preciso mesmo é mais motivação!", ou então, "eu gostaria de ter a mesma força de vontade que você tem!" não condiz com a realidade.

Pare de buscar desculpa para sua força de vontade. Nossa vontade funciona como um músculo, se você usar muito, vai acabar fadigado no final do dia. Por exemplo, se sua opção for começar a meditar, ao invés de 10 minutos por dia, tente por apenas 2 minutos. Facilite para não precisar de uma grande motivação ou de muito esforço.

Com o passar dos dias, vá aumentando seu novo hábito, bem devagar, aos poucos, não se esqueça! Em vez de tentar fazer algo incrivelmente fora do seu padrão, comece pequeno e melhore gradualmente.

Ao longo do caminho, sua força de vontade e motivação vão aumentar, o que tornara mais fácil manter seu hábito, continuamente.

Novos hábitos parecem ser fáceis no começo, tenha paciência, afinal, saber esperar é talvez a habilidade mais difícil de se adquirir, porém a mais importante.

Persista, se você permanecer consistente e disciplinado, e continuar aumentando e desenvolvendo o seu novo hábito, garanto que vai ter sucesso rapidamente.

O que você acha de começar a mudar hoje mesmo seus hábitos negativos e transformá-los em positivos? Vamos lá! Você consegue!

Boa sorte na sua nova história!